LA SCIENCE

DE

TANTE BABET

Miroir de cristal de roche.

Lorsque j'étais enfant, j'allais souvent passer mes jours de congé chez une sœur de mon père. Je lui dis un jour :

— Tu dois bien t'ennuyer, tante Babet, toujours seule et sans personne avec qui causer ?

— Quand je ne cause pas, j'écoute, répondit ma vieille tante.

— Tu écoutes, et qui, lorsque tu es seule ?

— Chaque chose, mon enfant, a une voix qui se fait entendre à qui sait écouter. Si tu es sage, je te raconterai tout ce que m'ont dit les objets qui m'environnent.

A partir de ce jour, ma tante commença une série de récits qui, tout en m'instruisant, charmèrent mon enfance.

J'ai depuis recueilli quelques-uns de ces récits pour les raconter à mes neveux et à mes nièces, ainsi qu'à mes petits amis et à mes petites amies sous ce titre : La Science de Tante Babet.

A *Mademoiselle Geneviève* VIAN

Souvenirs d'un clou.

—

Tante Babet, plantant son aiguille à tricoter dans ses boucles grises et se renversant dans son grand fauteuil, commença en ces termes l'histoire qu'elle m'avait promise :

Le beau, le brillant, voilà ce qui préoccupe les hommes. Ils se parent d'or et de pierreries et dédaignent le fer ; excepté, me disait un jour quelqu'un à qui je faisais part de ces réflexions, lorsqu'ils veulent s'entretuer. Mais ce n'est pas là le but pour lequel nous avons été mis au monde.

Je ne suis qu'un pauvre vieux clou. . . . . .

— Comme si un clou pouvait t'avoir raconté son histoire : interrompis-je en ce point du récit.

— Mon neveu, dit ma tante qui tâcha vainement de prendre un air sévère, en me faisant cette réplique, outre qu'il n'est pas poli de m'interrompre, surtout pour me dire que j'avance des choses qui pourraient n'être pas vraies, tu aurais dû te souvenir, avant de parler, de la poésie de Victor Hugo que ton père nous a lue, dimanche soir.

— « Zim-Zizimi, soudan d'Égypte, commandeur
« Des Croyants, padischah qui dépasse en grandeur
« Le césar d'Allemagne et le sultan d'Asie,
« Maître que la splendeur énorme rassasie. »

Répondis-je, déclamant ces quatre vers avec toute l'ampleur que je pus leur donner.

Cette poésie m'avait paru si belle que j'avais entrepris de l'apprendre par cœur, entreprise à laquelle je ne donnais pas suite, vu la longueur de la pièce et la légèreté des résolutions d'enfant.

— Zim-Zizimi, c'est bien cela, dit ma tante. Eh bien, que fait-il dans la solitude où le relègue sa grandeur?

— Il interroge les sphinx dorés de son trône, sa coupe et sa lampe d'or « sculptée à Sumatra. »

— Oui, il leur dit : Parlez-moi et d'après le poète il paraît que :

« Alors les sphinx, avec la voix qui sort des choses,
« Parlèrent : tels les bruits qu'on entend en dormant. »

Seulement, vois-tu, Zim-Zizimi étant sultan causait avec les sphinx d'or de son trône qui lui parlaient des grands rois morts et des vicissitudes des choses humaines, tandis que moi je ne suis qu'une vieille femme et je me contente d'écouter les vieux clous avec lesquels je cause de choses bien plus simples que celles qui intéressent les grands de la terre.

Je reprends donc où j'en étais restée.

Je ne suis qu'un pauvre vieux clou, bien humble et bien obscur, mais j'ai eu du moins le bonheur de ne servir à aucune œuvre de meurtre et de sang ; et c'est dans la vieillesse une bien grande satisfaction que d'avoir une conscience pure.

Du reste, si, façonné en armes, le fer, comme on me l'a dit, sert la cruauté humaine, il est bien plus fréquemment employé à la fabrication d'objets utiles.

En quoi sont les instruments aratoires qui servent à creuser le sein de la terre pour en augmenter la fécondité? En fer. Et les locomotives qui rendent les voyages si courts et les communications si faciles? En fer. Et les fils télégraphiques grâce auxquels la pensée vole d'un bout à l'autre de la terre plus prompte que l'oiseau le plus rapide? En fer galvanisé.

Quelque chose que veuille faire l'homme, c'est toujours le fer qu'il trouve là sous sa main pour lui venir en aide, soit qu'il se livre à de doux loisirs, soit que, comme Colomb, il marche à la découverte d'un nouveau monde, guidé par l'aiguille de la boussole qui lui montrera sa route à travers l'Océan.

Mais qui songe à cela et qui pense aux épreuves par lesquelles le fer doit passer pour se ployer aux caprices de l'homme!

Je ne descends d'aucune de ces familles connues

de toute antiquité en Asie ainsi que dans l'orient et le sud de l'Europe, je suis Français.

Longtemps en France, notre utilité resta ignorée. Les Gaulois ne creusaient pas la terre assez profondément pour nous découvrir dans les endroits où nous sommes enfouis à une certaine profondeur en filons ou en rognons, et là où, en grains ternes, très-mêlés de corps étrangers, nous nous répandons à la surface du sol ; notre aspect n'était certes pas assez éclatant pour attirer l'attention de ces peuples à demi-barbares. Aussi, quand César, le grand conquérant, vint attaquer les Gaulois, ce peuple vaillant, mais armé de fragiles sabres de cuivre, fut facilement vaincu par ces Romains si bien armés et soumis à une si savante discipline.

Mais, je m'aperçois que, de même que beaucoup de vieillards, je suis un peu prolixe, et qu'au lieu d'écrire simplement mes souvenirs, ainsi que j'en avais l'intention d'abord, je me suis mis à parler de ceci et de cela ; j'allais, au lieu de la mienne, entamer l'histoire de Vercingétorix. Si vous l'ignorez et que vous la vouliez savoir, lisez-la dans n'importe quel historien.

Je ne veux bien sûr pas non plus vous parler de tous les gisements de fer (il y en a partout), ni de tous les procédés de fabrication ; consultez les géologues, les minéralogistes et les métallurgistes, je ne suis point savant, moi, je le confesse.

Je vis le jour dans le département de l'Ariège ; j'étais assez pur ; je n'étais uni ni au souffre, ni à l'arsenic, ni au phosphore, comme cela arrive si souvent. J'étais du fer oolitique, le minerai le plus riche, celui dont le métal se sépare le plus facilement de la gangue qui l'entoure. Je fus lavé, puis jeté dans une immense tour. Cette tour avait une forme bizarre, elle ressemblait à deux immenses entonnoirs qui avaient été réunis par leur partie la plus large, c'est ce qu'on appelle le haut-fourneau (Fig. 1) ; on m'y mêla à des substances qui devaient m'aider à fondre, et à du charbon, puis on chauffa, tandis qu'une bruyante machine soufflait de l'air chaud dans cette cuve.

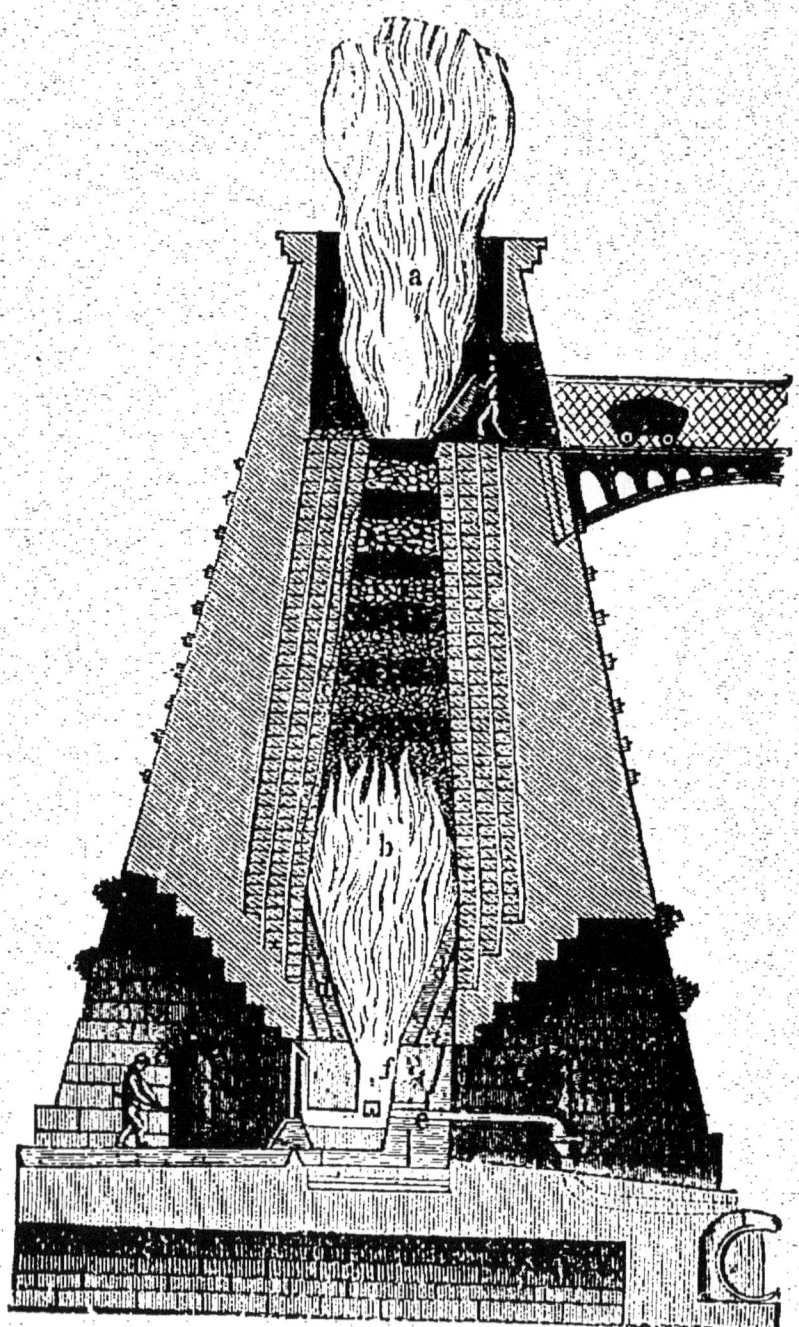

Fig. 1. Je fus lavé, puis jeté dans une immense tour... Page 6) *a* gueule, *b* étalage, *f* ouvrage et creuset, *c* tuyère.

Oh ! le beau jour ! j'étais encore ardent et presque liquide comme à l'époque où je bouillonnais dans les entrailles de la terre. Dégagé de la terre et de la silice auxquelles j'étais mélangé, je me sentis, tout joyeux, jaillir de la fournaise ardente. Mais quel horrible arrêt ! A peine étais-je engagé dans les sillons creusés dans le sable au pied du haut-fourneau que le froid me saisit ; je me sentis arrêté par une force invincible : j'avais cette forme rigide et grise que vous me connaissez.

La coulée finie, on emporta toutes les gueuses de fonte pour les soumettre dans les fours à réverbères à l'opération du puddlage qui devait transformer cette fonte en lopins de fer (Fig. 2) ; de ces masses de fer ainsi obtenues, les unes furent laminées et réduites en barres ou en feuilles ; les autres furent étirées en fils ; moi je fus martelé. Songez un peu à ce que peut être ce supplice : une lourde masse vous écrase, et quand elle se relève, ce n'est que pour retomber plus lourdement encore. Un frais ruisseau passait en fredonnant sa chanson ; il mettait en mouvement, sur mes flancs meurtris, la lourde machine qui me martelait, puis s'éloignait en murmurant son refrain, insoucieux de mes douleurs, dont il avait été l'un des instruments.

Fig. 2. Pour nous tranformer en lopins de fer, on nous plaça dans le four à puddler, (page 8). *a* la sole du fourneau, *e* grille à houille, *g* plan incliné pour l'écoulement des scories du métal en fusion qui débordent.

Quand je fus suffisamment martelé, on me transporta à Paris. Là, je fus vendu à un carrossier. Il me remit aux mains des ouvriers. Dans l'atelier, un feu de charbon de terre brûlait sur une forge. C'est dans ce feu, avivé sans cesse par l'haleine bruyante d'un énorme soufflet, que me plongea le forgeron.

Je crus retrouver le jour où je jaillis ardent du

haut-fourneau ; du noir je passai au rouge sombre, du rouge sombre au rouge vif, , puis au rouge cerise. A peine avais-je atteint le blanc éclatant que le rude forgeron m'enleva de la forge et me posa sur son enclume.

Je fus pour la seconde fois soumis au supplice du marteau. Toute la différence entre cette torture et la première, c'est que le marteau était moins lourd ; qu'il était mû par un homme et que cet homme ne chantait pas.

Quand je fus forgé, comme on voulait faire de moi un essieu, on arrondit mes deux extrémités à l'aide d'un appareil appelé tour. Je tournais rapidement sur cette machine pendant qu'un ouvrier appuyait sur la partie qu'il voulait arrondir un outil tranchant qui, à chaque tour de roue, m'enlevait une couche de ma substance. Enfin, j'étais essieu ; on emboîta deux roues sur mes deux extrémités, et j'arrivai à faire partie d'un splendide carrosse non moins lourd que doré.

Là, j'eus encore un beau jour.

C'était le 30 mai 1770. Ce carrosse traversait Paris aux acclamations de toute une foule de curieux. J'étais fier de l'admiration qu'excitait le lourd équipage, et heureux de l'enthousiasme qui éclatait partout sur le passage des deux jeunes gens qui y étaient assis. Le fiancé avait dix-huit ans; la fiancée en avait seize. Pauvres enfants! Ce matin tout était joie et amour autour d'eux à leur entrée par cette splendide avenue des Champs-Élysées, qui ne leur montrait Paris que du côté de ses palais; le soir, tout fut en deuil; la foule, trop grande aux abords du feu d'artifice, ne put s'écouler facilement; il y eut une horrible mêlée; des gens furent brûlés, d'autres écrasés, le nombre des victimes fut énorme! Triste journée où l'on aurait pu lire l'image de leur vie brillante à son aurore et dont la fin sanglante fut si sombre.

Un jour, il y avait déjà bien longtemps que le carrosse était remisé loin de tous les regards, voilà qu'un peuple en fureur le tire de sa retraite, le traîne sur une grande place, et meubles, tableaux et objets de toute sorte s'amoncèlent autour. Puis les furieux ne trouvant plus rien sur quoi assouvir leur rage, mettent le feu à ce monceau de choses hétéroclites et, les mains entrelacées, se prennent à danser comme autour d'un feu de joie.

Pendant que le feu flambait clair et menaçant, un petit cloutier qui chantait plus haut que tous les autres le « *Ça ira,* » prenait soin de m'éloigner du brasier.

Que cet homme est bon, pensais-je, il veut m'épargner des souffrances.

Il ne se préoccupait guère de cela ; je le sus dans la nuit même.

Après que le dernier tison eut jeté sa dernière étincelle, l'immense farandole se dénoua, et citoyens et citoyennes se mirent en devoir de regagner leur logis. J'entendis leurs voix et le bruit de leurs pas s'éteindre dans le lointain, et je restai seul sur la place. Tout-à-coup, je vis venir quelqu'un vers moi. C'était le petit cloutier. Il avait pensé, le digne homme, qu'on pouvait être bon patriote et désirer que rien ne fût perdu. C'est pourquoi il me prit et me chargea sur son épaule en disant : « Cet essieu n'a pas été le moins du monde endommagé par la flamme ; ces brutes, jeter au feu de bon fer et de bon bois, sous prétexte qu'ils ont appartenu au tyran ! C'était le tyran qu'il y fallait mettre et donner ces matériaux à de braves citoyens qui en auraient fait un usage patriotique. Enfin, prenons toujours ça, ça pourra servir à faire des clous ou des boulons. »

Chaque fois qu'on veut transformer le fer, il faut le remettre au feu et le marteler ; c'est ce qu'on appelle le forger. Je devins boulon, comme le reste de l'essieu.

Un matin, un homme à figure sinistre entra chez le cloutier : « As-tu des boulons, citoyen ? dit-il. La Louisette a tant travaillé depuis quelque temps qu'elle est fatiguée. J'ai demain une besogne importante à faire : il me faut changer les boulons qui maintiennent le couteau. »

Le lendemain était le 21 janvier 1793 : vous savez

ce qu'était la Louisette, jugez quel couteau l'homme avait à assujettir.

Une secrète terreur me pénétra. Allais-je, moi, débris du carrosse doré qui l'avait conduit à l'autel, moi témoin de l'enthousiasme populaire qu'avait excité jadis le pauvre roi, servir à son supplice ?

Heureusement, je ne fus pas choisi.

Je restai là, oublié dans la boutique du cloutier et me rouillant tristement. Enfin, la tourmente populaire s'apaisa, tout rentra dans l'ordre et chacun songea à retravailler.

Mon pauvre cloutier, à bout de ressources, ne trouvant personne qui consentit à l'employer, prit le parti, pour vivre, de se faire chiffonnier. Pour *s'établir* il lui fallait une hotte et un crochet. La hotte lui fut donnée par une bonne âme du voisinage. Comme il cherchait un morceau de fer pour le façonner en crochet, il me rencontra sous sa main. Oh ! instabilité des choses humaines ! Essieu d'un carrosse royal, j'étais devenu boulon, puis crochet de chiffonnier. De combien de dégoûts n'ai-je pas été abreuvé dans cette partie de mon existence! Mais, j'avais la conscience tranquille. Je savais que sans moi mon maître n'eût point gagné son pain, et j'étais heureux de penser qu'il me devait, en partie, son existence.

Au bout de quelques années, le citoyen Agathoclès, mon propriétaire, mourut. J'ai, depuis ce temps, subi bien des vicissitudes, et je suis enfin devenu le vieux clou auquel une cuisinière a suspendu son miroir. La rouille me ronge de plus en plus, à chaque couche nouvelle d'oxyde qui se forme, je sens que je m'affaiblis. Je n'aurai bientôt plus la force de supporter le poids léger dont je suis chargé. Et alors, pauvre clou, que deviendrai-je? serai-je jeté au rebut? Qui sait? je vois une carafe là-bas; je pourrais bien un jour y être placé, et abandonnant à l'eau la rouille dont je suis couvert, j'en ferais un liquide bienfaisant : l'eau ferrée que boit cet enfant blond et pâle que je vois quelquefois rôder dans la cuisine. Grâce à moi, un sang plus riche et plus chaud courrait dans ses veines, pour lui redonner la force et la santé qu'il semble avoir perdues.

Ou si, uni à la noix de galle que produit le chêne, j'allais devenir de l'encre ! Quelle splendide alliance! le fort et l'utile, le chêne et le fer. Et quelle chose précieuse, l'encre ! C'est elle, c'est ce fluide noir qui permet de transmettre aux générations les progrès de l'esprit humain. O fer deux fois heureux, si tel était mon sort !

Sois bon, conclut ma tante en finissant l'histoire du clou, tâche de faire le bien, d'être utile à ceux qui t'entourent, et de quelques douleurs que tu puisses être atteint, tu sentiras en toi un grand bonheur : celui que donne la conscience du devoir accompli.

A M. Emile Duhalde.

II

A propos d'une vitre cassée.

—

« Voilà, dis-je d'un ton boudeur, bien du bruit pour une vitre cassée. Quelque chose de précieux, un carreau !

— Précieux, répondit ma tante Babet, peut-être pas précisément aujourd'hui, grâce au progrès de la science et de l'industrie ; mais il n'y a pas encore cent cinquante ans qu'un grand seigneur anglais faisait démonter, pendant son absence, toutes les vitres de son château, de peur qu'elles ne fussent détériorées par le vent et par la pluie. Au commencement du siècle dernier, il y avait encore en France plus d'ouvriers châssiers, c'est-à-dire poseurs de carreaux en papier huilé, qu'il n'y avait de vitriers, car les habitations princières avaient seules des carreaux de vitres. »

Je ne sais si la douceur de ma tante produisait sur ma colère l'effet de la cuillerée d'eau froide sur le lait bouillant qui va déborder, ou si je pressentis une histoire dans le geste avec lequel elle planta son aiguille à tricoter dans ses cheveux; toujours est-il que ma mauvaise humeur s'apaisa soudainement et que j'allai m'asseoir auprès de la bonne Babet.

Bien que je susse que l'excellente femme était toujours aussi empressée à conter que je l'étais à écouter ses récits, je n'osai point, à cause de la sortie assez déplacée que je venais de faire, lui demander l'histoire du verre; mais je savais comment la prendre, et j'espérais bien avoir mon histoire sans la demander.

« Dis donc, tante Babet, repris-je avec un sourire, toi qui sais tout, — « toi qui sais tout » était une formule de douce raillerie que nous avions l'habitude d'employer en lui parlant, — toi qui sais tout, tu viens de faire une bonne grosse erreur. Tu m'as dis que la pluie détériore le verre ; si cela était vrai, on ne mettrait jamais d'eau dans les carafes de verre.

— Voyez-vous, s'écria-t-elle en riant, monsieur le savant qui croit me prendre en faute ! Il me semblait que tu étudiais la chimie à ton école?

— Certainement, ma tante.

— Alors tu sais sans doute quelle est la composition chimique du verre?

— Bien sûr, dis-je, non sans un certain orgueil.

Et pour prouver mon dire, j'ajoutai de ce ton de perroquet bien stylé particulier aux écoliers qui se croient forts et qui prennent leur mémoire pour de l'intelligence :

Le verre se compose de silicate de potasse ou de soude, de silicate de chaux, d'alumine et quelquefois d'oxydes métalliques qui le colorent.

— Fort bien ! Et monsieur le chimiste pourrait

sans doute me dire s'il entre dans cette composition un sel alcalin soluble dans l'eau?

— Certainement, le silicate de potasse ou de soude, surtout si la silice y est en petite quantité.

— Et si l'eau dissout le silicate de potasse, un corps qui en renferme sera-t-il attaquable par l'eau?

Je fis un signe affirmatif, et je m'écriai en battant des mains :

— Je savais bien que tu ne t'étais pas trompée ; mais je voulais te le faire prouver.

— En bon français, dit ma tante, tu étais trop ignorant pour t'expliquer mes paroles, et cela aurait blessé ta vanité d'avouer ton ignorance. J'ajouterai qu'il faut un fort long temps pour que le verre soit altéré par l'eau, et je vais te montrer dans quel état il est alors. Va chercher cette petite fiole là-bas sur l'étagère, et surtout ne la casse pas en l'apportant ; ce serait plus grave que mon carreau cassé.

J'allai chercher la fiole qui portait l'étiquette suivante : *Échantillon de verrerie romaine trouvé dans des fouilles faites à Brindes.*

— Vois-tu, continua tante Babet, comme ce verre est irisé ; il semble qu'on l'ait enduit d'un vernis métallique. Cet aspect est dû aux petites écailles formées par le silicate de chaux. Quant au silicate de soude, l'analyse la plus exacte, si tu étais capable de la faire, ne t'en ferait pas retrouver une parcelle. Il a disparu, dissous par l'humidité. La même chose se produit à la longue dans les verres à vitres. Les ouvriers disent alors que le verre est *luné*, car dans leur ignorance ils attribuent cet état du verre à l'action de la lune.

— Ah ! l'action de la lune, en voilà une bonne histoire ! Peut-on avoir des idées pareilles ! faut-il être ignorant ! Si les ouvriers apprenaient quand ils sont jeunes...

— Il faudrait pour cela qu'ils n'eussent pas besoin de gagner leur pain quelquefois dès l'enfance, ou, qu'à l'exemple de mon savantissime neveu, ils eussent pris la peine de naître de parents assez aisés pour payer l'instruction de leurs enfants, car l'instruction, j'entends l'instruction complète, n'est malheureusement pas à la portée des pauvres.

Je venais, par mon imprudence, de jucher la bonne vieille dame sur un de ses dadas favoris l'enseignement obligatoire, par l'État, à tous les degrés. Fort heureusement qu'alors les questions sociales n'avaient pas encore été élevées à la hauteur de lieux communs, et ma tante Babet n'allait jamais bien loin sur ce terrain réservé à ceux-là seuls qui avaient fait d'assez sérieuses études pour s'y aventurer.

— Au reste, mon enfant, dit-elle bientôt en hochant la tête, je parle là avec mon cœur et, je l'espère, avec mon bon sens ; mais bon sens, bon cœur et bon vouloir ne sauraient suffire là où le savoir lui-même est souvent embarrassé. Ce n'est pas l'affaire d'une vieille femme de discuter les questions qui intéressent toute la société. Il faudrait, pour le faire, avoir étudié bien des choses qui me sont tout-à-fait étrangères, et l'on ne doit parler que de ce qu'on connaît bien.

— C'est cà, m'écriai-je, parlons du verre. Tu disais tout à l'heure que l'usage des vitres date de ce siècle, et ensuite tu m'as fait voir une fiole romaine; comment concilies-tu cela ? Au fait, de quelle époque est-elle ta fiole ?

— Je n'en sais rien, le fabricant a oublié d'y mettre la date; mais ce que je sais, c'est que la connaissance du verre remonte à une très-haute antiquité. Tu as dû déjà entendre parler du temple fameux élevé dans le désert de Lybie à Jupiter Ammon ?

— Oui, ma tante.

— Ces prêtres de Jupiter savaient extraire des excréments des nombreux chameaux qui amenaient au temple des caravanes d'adorateurs, une substance toute particulière qui, du lieu où on la fabriquait, avait été nommé ammoniac. C'était l'objet d'un grand commerce avec la Phénicie, car c'était le sel ammoniaque qui donnait à la pourpre de Tyr cette intensité de couleur qui la faisait rechercher dans le monde entier. Un jour, des Phéniciens qui allaient acheter de l'ammoniaque au temple de Jupiter furent arrêtés par une de ces tempêtes du désert plus terribles peut-être que celles de l'Océan. Ils s'égarèrent, et quand vint la nuit, ils se trouvèrent bien en peine pour camper, car ils avaient perdu leurs compagnons, leurs chameaux, leurs bagages et leurs provisions. Ils parvinrent à recueillir des bouses de chameau desséchées ; ils en firent un monceau, les allumèrent et entretinrent pendant toute la nuit ce feu dans le sable. Le lendemain matin, en écartant les cendres de leur foyer, ils virent à la surface du sable un corps léger, transparent, à cassure lisse, qu'ils n'y avaient pas vu la veille, et qu'ils ne connaissaient pas. Au lieu de continuer leur route, ils firent un feu pareil à celui de la nuit et obtinrent le même résultat. Ils en conclurent qu'en chauffant du sable avec de l'alcali, on obtenait un corps formé de cet alcali et de la silice du sable. Ils n'allèrent pas jusqu'à Ammon, mais retournèrent en Phénicie pour mettre à profit leur découverte. Ils avaient trouvé le verre.

— Dis donc, ma tante, c'est drôle tout de même

que presque toutes les grandes découvertes soient dues au hasard.

— Non, pas au hasard mon enfant, mais à des hommes attentifs. Tout ce que nous savons, en effet, est le fruit de notre observation, et celui-là seul peut apprendre beaucoup qui observe beaucoup.

Ici, j'ouvrirai une parenthèse pour dire que je ne sais où ma tante Babet avait puisé sa légende des Phéniciens égarés dans le désert. Elle était tout à fait en désaccord avec Pline et Josèphe, qui racontent que des marchands de natron, autrement dit de carbonate de soude, ayant mis des morceaux de natron sous la chaudière dans laquelle ils faisaient cuire leurs aliments, auraient ainsi trouvé le verre. Suivant ces deux historiens, cela se serait passé sur les rives du Bélos, en Syrie. Ces messieurs, du reste, Pline et Josèphe, sont tout autant que ma bonne tante en opposition avec la science moderne, d'après laquelle la chaleur d'un feu allumé en plein air n'aurait jamais pu être suffisante pour vitrifier le sable. Je ferme la parenthèse, et je reprends où j'en étais resté.

Nos marchands, retournés chez eux, se mirent à fabriquer du verre, et bientôt les fabriques de Tyr et de Sidon devinrent d'autant plus célèbres que le sable fourni par les rives du Bélos étant du quartz hyalin presque pur, donnait un verre d'une qualité supérieure.

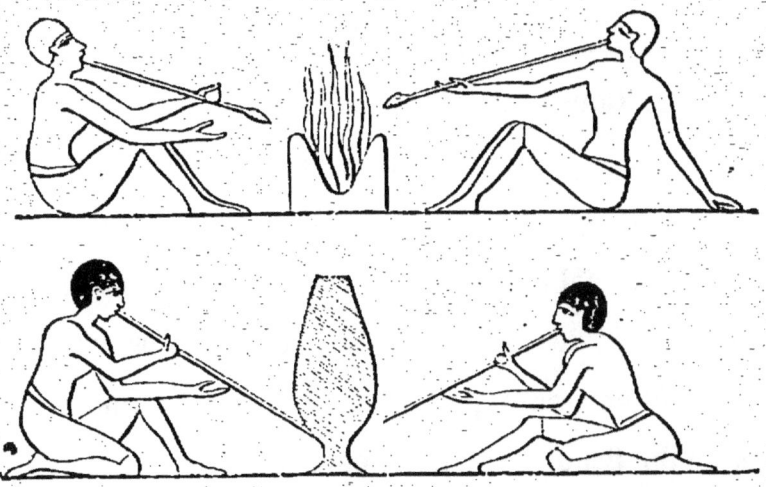

Fig. 3 et 4. L'industrie du verre passa en Egypte (page 26).

De Tyr et de Sidon, l'industrie du verre passa en Egypte (Fig. 3 et 4), où des verreries furent établies d'abord à Thèbes, et dans la suite à Alexandrie, puis elle gagna Chypre, Lesbos, la Grèce et Rome. Les Grecs cependant ne connurent le verre qu'assez tard, car on rapporte que des ambassadeurs furent très-surpris lorsqu'ils en virent en Perse pour la première fois. Le verre ne pénétra guère à Rome qu'au temps de César, mais il y fut de suite fort estimé ; Tibère et Néron mirent des prix énormes à des coupes de verre, et le nom du verrier Crassius, qui vivait sous Tibère, est venu jusqu'à nous. Ce Crassius avait su rendre le verre malléable. Dans la suite Constance, Constantin et Théodose exemptèrent les verreries d'impôts. Il est aisé de comprendre qu'un art ainsi protégé dut faire de grands progrès. On ne se borna plus à fabriquer des coupes, des fioles et des perles, on fit des cubes colorés pour paver les temples, et Pline assure que le second étage de l'amphithéâtre de Scaurus était supporté par des colonnes de verre. Un historien, je ne sais plus lequel, parle aussi des plaques de verre qui couvraient la maison de Firmus ; mais la description n'indique pas clairement ce que c'était que ces plaques de verre.

— Des vitres peut-être, ma tante. Dis, est-ce que les Romains employaient des vitres ?

— Qu'ils les aient employées communément, cela est douteux, mon cher enfant, mais on est sûr qu'ils les connaissaient, puisqu'on a trouvé à Pompéï des vitres moulées.

— Où est-ce, Pompéï ?

— Comment, où est Pompéï ? Mais qu'est-ce que vous apprenez donc dans vos écoles ? Je vous entends toujours dire que vous vous occupez de ceci et de cela, et vous faites des questions qu'à votre âge nous aurions rougi de faire. A treize ans ne pas savoir où était Pompéï ! J'ai bien peur que vous ne vous mettiez dans la cervelle que de grands mots échafaudés sur beaucoup de présomption. De mon temps, nous n'apprenions peut-être pas autant de choses, mais ce que nous savions, nous le savions bien. Enfin passons. Pompéï était une ville située près du Vésuve. Au premier siècle de Jésus-Christ, une terrible éruption du volcan l'engloutit en même temps qu'Herculanum et Stabia.

— Je me souvenais bien d'Herculanum, mais j'avais oublié Pompéï. Je suis bien sûr qu'à mon âge tu oubliais bien aussi quelquefois, ajoutai-je avec un regard en-dessous.

Ma tante continua sans répondre à mon insinuation.

— C'est du troisième siècle que date ce fameux vase Barberini que possède l'Angleterre. Ce vase, qui aurait été, dit-on, fabriqué en 245, est en verre doublé, c'est-à-dire formé de deux couches de verre superposées, et la parure a fait ressortir en blanc sur le fond coloré des personnages et des arbres de façon à faire une sorte de camée.

— Tu l'as vu, dis, ce vase ?

— Non, tu sais bien que je ne suis jamais allée en Angleterre, mais ton père en a un dessin et une description qu'il te montrera. Ce magnifique spécimen de l'industrie antique prouve que de l'art du verrier, la seule chose que les Romains ignoraient, était la gravure à l'acide fluorhydrique. — Par exemple, je ne te dirai pas pourquoi, il faut que tu le trouves tout seul.

— Parce qu'ils ne connaissaient pas le fluor, dis-je à tout hasard.

— Justement, répondit ma tante, ce sont Margraff, un Prussien, et Scheele, un Suédois, qui ont parlé les premiers, vers 1771, de cette propriété qu'a l'acide fluorhydrique d'attaquer le verre. Mais, n'anticipons pas sur les temps modernes, et reprenons où nous en étions restés, c'est-à-dire au troisième siècle. Le verre avait pénétré en Gaule et en Espagne, à la suite des Romains. Un des plus beaux échantillons des produits de l'industrie gallo-romaine de cette époque, est le vase de Strasbourg.

Bientôt vint le flot de barbares qui submergea tout l'Occident de l'Europe ; l'art de la verrerie fut englouti comme les autres arts.

L'Empire d'Orient avait été fondé au quatrième siècle par Constantin, qui, accordait comme je crois te l'avoir déjà dit, de grands privilèges à ceux qui travaillaient le verre. Tous les artistes verriers abandonnèrent l'Occident, où leurs talents n'étaient plus appréciés, et se réfugièrent dans l'Orient. C'est alors que les verreries de Byzance, de Thessalonique et de Damas devinrent célèbres. Les Byzantins poussèrent l'art du verrier à ses dernières limites et au dixième siècle, les verreries byzantines étaient déjà en si grande réputation que les empereurs ne croyaient pas pouvoir offrir aux souverains de plus riches présents que les objets d'arts sortis de ces verreries. Dès cette époque, cependant, la renommée de Venise commença à contrebalancer celle de Byzance et de Damas. A partir du treizième siècle, c'est Venise qui fabriqua les objets les plus estimés, et pendant trois siècles, elle conserva le monopole de la verrerie.

A l'exemple des empereurs, les doges accordèrent d'immenses priviléges aux artistes verriers qu'ils inscrivirent même sur le livre d'or, ce qui était leur donner la noblesse, puisque les nobles seuls pouvaient voir leur nom figurer sur ce livre.

Cette aristocratie jalouse ne croyait pas pouvoir accorder aux artistes une plus grande faveur que de les admettre dans ses rangs.

Mais si les artistes ne songeaient qu'à la gloire, la sérénissime république pensait au moins autant à l'argent. Les verreries étaient pour Venise une très-grande source de richesse, il s'agissait de n'en point laisser profiter les autres nations. Aussi, sous prétexte de protéger les verriers, on les enferma dans l'île de Murano, où il devenait facile de les surveiller et d'où ils ne devaient pas sortir sous peine de la vie.

— Sous peine de la vie ! interrompis-je en me récriant.

— Eh bien oui, sous peine de la vie, quoique cela puisse te paraître extraordinaire. L'histoire cite un verrier qui, ayant été attiré à Florence, et ayant refusé de revenir à Venise, fut empoisonné secrètement. Cette sévérité n'empêcha pas que d'autres artistes ne réussissent à quitter Murano et l'art de la verrerie fut connu au seizième siècle en Lorraine et en Allemagne. Venise s'était d'abord étudiée à donner au verre les formes les plus élégantes et les plus variées, puis, au quinzième siècle, elle avait com-

Fig. 5. 1° coulage d'une plaque de verre, 2° fixation du pontil au cylindre (page 43), 3° paraison, 4° applatissement du cylindre (page 44).

mencé à faire des verres opalins, cannelés, filigranés, dorés et laqués, et à décorer les verres de peintures. Quant à l'Allemagne, elle ne se préoccupa pas beaucoup des formes et ne fit guère que des gobelets, des plateaux, des hanaps et des vidrecomes de toute dimensions, qu'elle orna de peinture en émail représentant presque toujours des armoiries. Au dix-septième siècle, le goût des verreries peintes commença à se perdre, et la Bohême acquit une si grande célébrité par ses verres taillés et par ses verres à deux couches gravés au touret, qu'on en oublia les belles verreries gravées au diamant qu'avait produites la Flandre au seizième siècle.

— Et en France, ma tante, est-ce qu'il n'y avait pas de verreries ?

— Si, mon enfant, mais si le nom de la fabrique de bouteilles de Quiquengronne, fondée en 1290, est venu jusqu'à nous, par cette excellente raison que la fabrique existe encore, nous ne connaissons le nom d'aucune des verreries qui ont produit des œuvres d'art. Jusqu'au dix-septième siècle, nos artistes imitèrent ceux de Venise; puis la gravure étant devenue plus à la mode que tout autre genre d'ornementation, on inventa en France le procédé de gravure à la pointe.

— Avec tout cela, comme tu ne me parles que d'objets d'art et de verreries de luxe, je n'en reste pas moins fondé à croire que ma bille d'agate valait tout autant que la vitre que j'ai cassée avec.

— Comme tu dis, mon ami, tout autant, car le verre vaut le verre, et ta soi-disant bille d'agate n'était que du verre agatisé. Encore un genre de fabrication dû à Venise ! L'art margaritaire, c'est-à-dire l'art d'imiter les pierres précieuses, date de 1295 et il est dû à deux verriers de Murano : Christoforo Briani et Domenico Miotti.

— Je m'explique de moins en moins qu'on n'ait pas employé les vitres plus tôt. Il me semble pourtant avoir lu et avoir entendu dire qu'il y a, dans certaines églises, des vitraux fort anciens.

— Sans doute, il y a eu de fort bonne heure des vitraux dans les églises, parce qu'à aucune époque la foi des peuples n'a reculé devant les plus grands sacrifices pour orner dignement les temples qu'elle élevait à ses divinités. Dès le quatrième siècle, les cathédrales de France ont eu des vitraux formés de petites lames de verre coloré qu'on appelait *cives* et qui étaient réunies par des armatures de plomb. Ce genre de décoration pénétra en Angleterre au huitième siècle, en Italie, et en Allemagne au onzième et au douzième siècle. La belle verrière de Notre-Dame de Paris a été exécutée par ce procédé.

— J'avais toujours cru, interrompis-je, qu'on peignait les vitraux comme on peint la porcelaine, c'est-à-dire qu'on prenait du verre blanc et qu'on y appliquait des couleurs.

— C'est bien ce qu'on fait aujourd'hui. Je ne saurais te dire à quelle époque les vitraux peints ont succédé à ces premiers vitraux, qu'on pourrait presque appeler des mosaïques; mais il y a longtemps, puisque à Saint-Denis, il y a des vitraux peints du temps de Suger. Tu sais sans doute qui était Suger et sous quel roi il vivait?

— Suger fut ministre de Louis VII, qui lui confia le gouvernement quand il partit pour la croisade.

— C'est bien cela. Les vitraux de Saint-Denis datent donc du onzième siècle. L'art de la peinture sur verre alla ainsi en se perfectionnant jusqu'au seizième siècle. Jules Romain et Albert Durer ne dédaignèrent pas de peindre des cartons pour les verriers, et les cathédrales n'eurent plus seules des vitraux peints, les abbayes et les châteaux en ornèrent aussi leurs fenêtres.

— Et sait-on, ma tante, quels ont été les meilleurs peintres de vitraux ?

— On en connaît très-peu. En France, où les peintres verriers étaient de droit gentilshommes, en vertu des ordonnances de Charles V et de Charles VII, on ne cite que Jean Cousin, Nicolas Pinaigrier et Bernard Palissy, qui ont été, en quelque sorte, les derniers, car, au dix-septième siècle, on ne faisait plus de vitraux en France.

— Et dans les autres pays, est-ce qu'on ne connaît pas de peintres ?

— Très peu également ; la gloire des verriers italiens a été complètement effacée par celle des peintres, dont les fresques et les tableaux étaient à la fois et plus finis et plus durables que ne pouvaient l'être des vitraux. Les vitraux de Suisse et d'Allemagne portent fréquemment le nom du donateur, rarement celui de l'artiste ; cependant il en reste quelques-uns du dix-septième siècle qui sont signés : Melchior Hue, Wyl de Thurgovie, Jacques Bissy et Hans Georges. Le goût des vitraux se perdant, les peintres verriers ne firent plus d'élèves et leurs procédés tombèrent dans l'oubli. Si quelques peintres, comme Van Luige, à la chapelle d'Oxford, peignirent encore des vitraux, ce fut à l'aide de moyens si défectueux, que leurs peintures sont aujourd'hui tout effacées. Les procédés anciens ne furent retrouvés qu'en 1818, et les premiers essais faits à Sèvres ne datent que de 1826.

— Ah! voici encore Babet qui raconte, dit mon père en entrant. Eh bien ! ma chère, quel est l'orateur du jour ? A qui avez-vous donné la parole, à un vieux clou, à un brin d'herbe ou à un tesson de bouteille?

— Ni à l'un ni à l'autre, mon frère ; je parle aujourd'hui en mon propre et privé nom, comme on dit en terme de chicane, et vous voici venu tout à propos pour me succéder à la tribune.

— Je me récuse, Babet, je ne saurais vraiment intervenir dans vos récits.

— Vous le pouvez très-bien, mon cher frère, il s'agit d'expliquer à votre fils la fabrication du verre. Tant que je me suis tenue dans l'histoire, cela allait encore assez, mais j'allais être forcée de le renvoyer au Dictionnaire des arts et manufactures pour tout ce qui touche les procédés de fabrication. Ayez donc la bonté de suppléer à mon peu de connaissances techniques.

— Je crois, Babet, que vous pourriez aussi bien que moi lui dire tout ce qu'il a besoin de savoir sur ce sujet. Je crains, moi, de m'embarrasser dans plus de détails qu'il n'en faut pour un enfant de son âge.

— Bah! modestie d'orateur, qui rabaisse son talent pour qu'on l'apprécie davantage. Parlez, mon frère, nous vous écoutons.

En disant cela, ma tante se remit à son tricot, et mon père, forcé de s'exécuter, prit la parole en ces termes :

— Le four du verrier se compose d'un foyer entouré d'une banquette en maçonnerie réfractaire qui supporte une grille sur laquelle on place les creusets. Ce four se termine, à la partie supérieure, par trois voûtes, une centrale et deux latérales, appelées arches, et que traverse l'air chaud. C'est dans les arches qu'on met les creusets neufs pour les échauffer graduellement avant de s'en servir, et c'était dans les arches que le verre subissait autrefois la *fritte*, sorte de fusion préalable qui n'est plus en usage.

L'aide de l'ouvrier verrier prend dans le creuset du verre en fusion au bout d'un tube de fer creux appelé canne. Il tourne et retourne ce verre sur le marbre, sorte de table très-plane, jusqu'à ce que ce verre ait une forme arrondie, puis il passe la canne à l'ouvrier verrier, qui la porte à ses lèvres et commence à souffler, tout en tournant toujours la canne vivement pour que le verre ne s'affaisse pas.

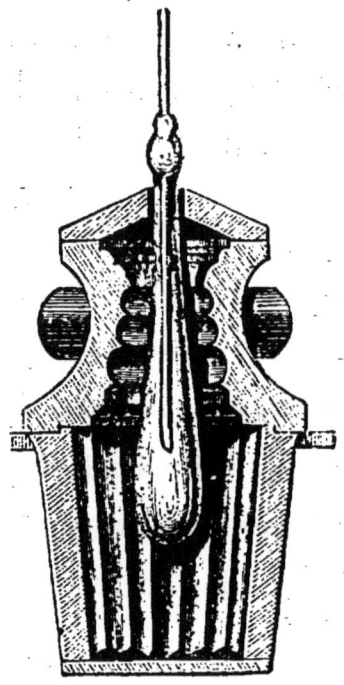

Fig. 6. Certaines pièces sont à la fois soufflées et moulées (page 42).

Lorsque le verre n'est plus assez chaud pour qu'on le souffle, l'ouvrier l'introduit dans le four par des ouvertures rondes appelées *ouvreaux*, qui sont ménagées dans la voûte centrale entre les creusets. Quand le verre est réchauffé, l'ouvrier continue à souffler jusqu'à ce que la pièce ait la forme qu'elle doit avoir, puis il la sépare de la canne en l'entourant d'un fil de verre très-chaud : certaines pièces sont à la fois soufflées et moulées. (Fig. 6).

— Quant au verre à vitre, on le souffle en lui donnant la forme d'un cylindre. Quand le verre a cette forme, l'ouvrier chauffe la calotte du cylindre; puis, tenant sa canne de manière à ce que le cylindre soit en contre-bas, il souffle fortement de manière à crever la calotte. Cela fait, on sépare le cylindre de la canne, de la même manière que les autres pièces, et on le fend en long avec un fer froid trempé dans l'eau. Il reste alors à étendre le verre. Pour cela, on le met réchauffer dans un four spécial. Un ouvrier l'y surveille et guide l'étendage avec un outil de bois, ensuite il le sort du four, le pose sur une table très-droite et achève de l'aplanir avec le polissoir qui est en bois. (Fig. 7).

C'est ce procédé, introduit en France en 1730, par Drolinvaux, le fondateur de la manufacture de Saint-Quirin, qui permet d'avoir des vitres à bon marché ; cependant, il n'est pas encore adopté en Angleterre.

Je ne crois pas nécessaire, ajouta mon père en se tournant vers sa sœur, d'indiquer à mon fils l'ancien procédé de fabrication des vitres.

Fig. 7. *d* on crève la calotte, *e* on sépare le cylindre de la canne, *f* étendage, (page 42).

— Si, vraiment, mon frère, car ce qui l'intéresse surtout, ce sont les vitres.

— Alors, je continue. Lorsque le verre avait acquis par le soufflage, la forme d'un cylindre, l'aide prenait, avec un outil appelé *pontil*, un peu de verre chaud qu'il appliquait au milieu de la calotte du cylindre. Le cylindre, une fois bien fixé au pontil, était détaché de la canne ; puis l'ouvrier, se plaçant devant la bouche d'un four spécial, exposait à la flamme l'ouverture du cylindre qu'il faisait tourner rapidement et qui arrivait à prendre la forme d'un plateau circulaire. Ensuite on coupait ce plateau en vitres cassées qui ne pouvaient, on le comprend' avoir que de petites dimensions, et il y avait d'autant plus de déchet que la partie du plateau où l'on avait fixé le pontil était trop épaisse pour être transparente. (Fig. 5).

Pour terminer, je dirai que le verre se casserait si on le refroidissait brusquement. Aussi, quand il est façonné, on le met refroidir graduellement dans des fours disposés à cet effet; c'est ce qu'on appelle le recuire.

— Et le cristal, père?

— C'est simplement du verre auquel on ajoute de l'oxyde de plomb.

— Et les glaces, comment les fait-on?

— Vous êtes bien curieux, mon neveu, s'écria ma tante Babet. Il est l'heure d'aller en classe, nous verrons le reste un autre jour.

A MM. Philippe, Louis et Alphonse SAUVAGEAU.

III

Les Glaces.

—

Depuis que nous avions parlé du verre, cette question : Et les glaces, voltigeait sans cesse sur mes lèvres, mais j'attendais pour la formuler tout haut, que tante Babet fût d'humeur conteuse.

Le jour désiré vint enfin, après quelques détours adroits propres à amener la conversation sur le terrain où je désirais la placer, je dis à ma vieille tante:

— Tu te souviens que tu m'as promis de me parler des glaces.

— Puisque je t'ai dit comment on fait le verre à vitre, tu sais comment on fait les glaces. C'est toujours un cylindre de verre qu'on fend et qu'on aplatit ou une feuille de verre qu'on coule. Toute la différence c'est qu'on met derrière la plaque de verre une couche de métal pour arrêter la lumière.

— Mais quand on ne connaissait pas le verre ?

— On ne faisait pas de glaces, mais des miroirs en métal.

— A quelle époque a-t-on commencé à faire des miroirs.

— Oh ! s'écria en riant tante Babet, veux-tu en savoir si long ? tu aurais dû alors faire comme un gardien du musée que je connais, te laisser enfermer dans la salle où sont réunis des miroirs de toutes les époques ; tu aurais entendu raconter d'étranges histoires...

— Toujours, interrompis-je, en riant :

« Avec la voix qui sort des choses. »

— Certes, avec cette voix qu'entendent seuls les poètes, l'oreille tendue vers les Quatre Vents de l'Esprit[1], les vieilles femmes et les petits enfants.

(1) Titre d'un ouvrage de Victor Hugo dans lequel la statue de Louis XIII, celle de Henri IV et celle de Louis XIV se promènent dans Paris en causant ensemble.

Tante Babet était en verve, j'étais sûr d'avoir un vrai conte et mes glaces par dessus le marché, ce qui ne manqua pas, comme on le verra en lisant le récit suivant qu'on pourrait intituler :

Histoire de cinq miroirs, de trois reines et d'une impératrice.

— Moi, je l'ai toujours dit et je le soutiendrai, la vraie noblesse, c'est la beauté.

— Les talents.

— La richesse.

— L'antiquité de la race.

— Et pour quoi donc, mon Dieu, soupira une autre voix moins éclatante, pour quoi ces malheureux comptent-ils donc la bonté et la vertu? Et cependant ce ne sont certainement pas des hommes qui ont parlé.

— Ah oui! reprit ironiquement le premier interlocuteur, dont la voix métallique vibrait avec un timbre argentin, oui! la vertu, la bonté, vivre pauvre, ignoré, etc.

Je ne puis vous voir dans le coin où vous vous cachez, mais je parierais qu'avec votre ton pleureur vous n'êtes ni belle, ni riche. C'est généralement parce qu'on est privé de certains avantages qu'on les dénigre chez les autres. Quant à moi, je n'ai pas besoin de me cacher et je puis d'autant mieux parler de beauté que je sais ce que c'est.

— Femme sans beauté, murmura une autre voix, fleur sans corolle, comme disait....

— Quelque sot sans doute, interrompit un nouveau personnage, car la tulipe n'a pas de corolle, mais bien un calice coloré, et elle n'en est pas moins belle. Seulement elle n'a pas de parfum et elle est aussi insipide qu'une femme sans esprit, ajouta-t-il, non sans souligner avec quelque prétention ce fade lieu commun. Puis, après une légère pause, il reprit : Vive le savoir et les talents !

— Chanson que tout cela, s'écria une voix claire

Fig. 8. Je suis le miroir de cristal de roche qui lui fut offert à l'occasion de son mariage (page 50).

et cristalline, je vous soutiens, moi, que, sans l'argent, la beauté, la noblesse et l'esprit ne sont rien. L'esprit ! j'ai vu où cela mène, et si l'amie de ma maitresse n'en avait pas eu autant, elle n'aurait pas fini si tristement.

— Et qui, l'amie de votre maîtresse ?

— La signora Galigaï.

— Oh ! quand on parle de Madame d'Ancre, ce n'est pas esprit, mais intrigue et perversité qu'il faut dire. — Vous avez donc appartenu à Marie de Médicis ?

— Oui, je suis le miroir de cristal de roche qui lui fut offert à l'occasion de son mariage. (Fig. 8).

— Par économie, dit en *a parte*, la voix qui avait crié : Vive le savoir ; les miroirs de Venise étaient alors si chers qu'on a préféré dresser et polir un morceau de quartz. Puis, d'un ton plus haut : — Je vois pourquoi vous vantez tant la richesse. Il vous souvient de votre bourgeoise Florentine élevée au trône par la toute puissance de sa dot et d'un Zamet.

— Comment bourgeoise, les Médicis étaient ducs,

et leur famille avait déjà donné une reine à la France.

— Catherine, oui ! un beau cadeau ; c'est d'elle que parle ce quatrain que murmurait quelquefois madame d'Albret, en soupirant :

> Catherine Florentine
> Est de France la ruine ;
> Catherine de Florence
> Est la ruine de France.

— C'est grâce à elle que la France fut déchirée par des guerres de religion qui ont duré près d'un siècle. — Quant à ce qui est du titre de duc, le pre- er Médicis qui l'ait porté est Côme.

— Et Sylvestre et Evrard ?

— Oui, vous allez me dire qu'ils ont été tous deux gonfalonniers de Florence ; mais à cela je répondrai que Florence était une république bourgeoise et que Sylvestre qui, en 1381, renversa les Albizzi, s'était enrichi dans le commerce. — Tout le monde sait qu'un noble n'a jamais pu faire le commerce sans déroger ; on connaît son histoire, mon cher ami.

— Je vous dis, moi, que vous ne la savez guère bien, car les généalogistes font remonter les Médicis à Charlemagne.

— Bah ! pour son argent on a ce qu'on veut des généalogistes et des généalogies, voire même des portraits de famille ! — Tout s'achète, mon bon, hormis l'intelligence et la probité. Vos Médicis, des parvenus !

— Des parvenus, des parvenus, s'écria impétueusement la voix argentine, cela vous vaut bien. A votre compte, ma maîtresse aussi aurait été une parvenue puisque sa beauté seule l'avait élevée au rang d'impératrice.

— Ah, fort bien ! Je comprends pourquoi vous mettez la beauté au-dessus de tout. Et pourrait-on savoir à qui nous avons affaire ?

— Au miroir devant lequel Poppée essayait l'effet de ce fard rose qu'elle avait inventé. (Fig. 9). Parmi d'autres miroirs faits soit en airain commun, soit en airain blanc, elle m'avait choisi, moi, à cause de ma forme élégante et de la pureté de mon métal qui réflétait mieux ses traits charmants, car je suis en argent.

Fig. 9. Je suis le miroir métal devant lequel Poppée essayait l'effet de ce fard... (page 52).

C'est moi qui la conseillais lorsqu'elle formait avec les tresses blondes qu'elle avait fait acheter à grands frais aux Gauloises, cette coiffure savante que toutes les romaines s'empressèrent d'imiter et qu'on appelait coiffure à la Poppée.

Mais, serais-je indiscret si, à mon tour, j'osais demander à qui j'ai l'honneur de parler?

— Indiscret, point du tout, je suis Vénitienne et plus jeune que vous de près de quatorze siècles. J'ai quitté ma patrie en compagnie d'un miroir merveilleux acheté par le roi François Ier pour sa docte sœur Marguerite. Lorsque ce miroir fut arrivé, le roi trouva les deux figures de fer ciselé qui se dressent aux deux côtés de la glace et le cadre de fer damasquiné un peu bien sérieux pour une femme, si savante qu'elle fût. Il pensa que mon cadre filigrané, tout plaqué de petites glaces et tout marqueté de fleurettes de verre et d'imitations de pierres précieuses aurait meilleur air sur une toilette féminine que le miroir ciselé qu'il garda pour lui. — A ce que j'ai entendu dire l'autre jour, ce miroir existe encore, il est connu sous le nom de miroir de François Ier.

Permettez-moi, ma chère, dit en riant le miroir romain, de vous retourner votre observation de tout à l'heure et de vous dire : je vois bien maintenant pourquoi vous préconisez tant l'esprit et les talents.

— Ah! c'est que moi, j'ai été à même d'apprécier les gens de talent! Tous les jours à la toilette de la reine se pressaient les savants et les beaux esprits du temps, et la reine n'était pas le moins docte, car elle parlait latin, lisait, dit-on, le grec et avait pu si bien apprécier l'italien Boccace qu'elle avait, pour l'imiter, écrit son *heptaméron*. On l'avait surnommée la Marguerite des Marguerites, la perle des perles.

— Parbleu! ne dirait-on pas que vous avez été seule à voir des gens illustres, se récria le miroir de cristal de roche, est-ce que vous croyez qu'il n'y en avait pas aussi autour de moi? sans compter l'évêque de Luçon qui devint Richelieu, les grands seigneurs de la cour de France valaient bien vos écrivassiers et vos pédants ; Sully, d'Epernon...

— Oui, parlons-en de d'Epernon.

— Et pourquoi n'en parlerait-on pas?

— Parce que c'était un traître, complice des assassins du roi Henri.

— Oh, cela ! ce n'est pas prouvé.

— Prouvé, pourquoi faire ? A Venise, le conseil des dix n'a jamais demandé de preuves. Un homme était soupçonné, donc il était coupable.

— Un joli gouvernement que celui de l'inquisition politique, moi, je suis Français et je ne puis admettre des choses pareilles, j'aime mieux...

— Oui, l'inquisition religieuse, reprit aigrement la Vénitienne. Sans l'édit de Romorantin la première de vos chères Médicis l'aurait, du reste, établie en France et vous auriez vu...

— A quoi bon discuter ainsi, dit une voix douce ; glaces et miroirs, ne sommes-nous pas tous frères et sœurs quelle que soit notre patrie.

— Nous ne discutons pas, riposta d'un ton rogue le miroir de cristal de roche, et quand bien même, qui êtes-vous, pour venir vous mêler de ce que nous disons ?

— Qui je suis ? une glace comme vous, une glace plus jeune, plus au fait de la civilisation moderne ; mais je ne veux pas me targuer de mes avantages personnels, la femme vertueuse pour laquelle j'ai été faite, m'a appris, par son exemple, qu'on doit toujours être humble et modeste de cœur.

— Il est probable qu'elle avait des raisons pour cela.

— Elle était fille et femme de roi.

— Et pourrait-on savoir son nom ?

— Marie Leczinska.

— Ah, dit d'un ton dédaigneux le miroir de cristal de roche, cette polonaise ! Un plaisant roi que son père ! Pour moi, je préfère un duc en possession de son duché à un roi chassé de son royaume.

— Oui, si vous parlez au point de vue des vanités de ce monde ; non, si vous parlez au point de vue de l'humanité. Si Stanislas avait préféré sa grandeur au bonheur de ses sujets, il aurait pu, comme tant d'autres, tâcher de revendiquer, les armes à la main, ce trône qui lui était enlevé. Que pensez-vous de celui qui, pour satisfaire son ambition personnelle, fait égorger des milliers d'hommes, et qui, pour s'enrichir, ruine tout un pays ? La résignation de Stanislas est plus grande que toutes les révoltes de l'orgueil. Mais combien peu l'histoire nous offre d'exemples pareils.

— La résignation c'est la vertu des faibles.

— Dites plutôt des sages, reprit la Vénitienne d'un ton grave.

— Oui ! dit la glace de Marie Leczinska, et mieux eût valu pour la France que Marie de Médicis eût su se résigner comme ma pauvre maîtresse.

— Moi, dit la Vénitienne, je n'ai jamais compris comment Henri de Bourbon avait pu se décider à épouser une Médicis, lui qui avait vu de si près Catherine. Il n'y avait dans cette famille que crime et dissolution. Laurent le magnifique, Alexandre, Laurenzino...

— Mais, je vous admire vraiment ! et les Valois, ils avaient toutes les vertus, n'est-ce pas ?

— Toutes les vertus ! toutes les vertus ! Qui est-ce qui a toutes les vertus en ce monde ? En tous cas, le roi François et son fils Henri étaient chevaleresques et vaillants et quant à Madame Marguerite, non contenue d'être savante et lettrée, elle était encore bonne et si peu vaine qu'elle traitait le spirituel Bonaventure des Perriers comme un gentilhomme bien qu'il ne fût que son valet de chambre.

Elle avait coutume de dire à ce propos : *Savoir passe noblesse.*

— Parbleu, dit une voix railleuse, il est probable que la bonne dame avait ses raisons pour protéger le sire des Perriers, je me suis laissé dire que sans l'esprit et le talent du valet de chambre, les écrits de la Reine eussent pu être encore plus lourds qu'ils ne le sont.

— Comment, qu'osez-vous supposer ?

— Moi, rien du tout ; seulement, d'après ce qui reste des deux, il est clair que l'écrivain le plus alerte, le plus fin et le plus ferme à la fois, ce n'est pas la souveraine. Du reste, cela ne me préoccupe guère.

— Alors, pourquoi discutez-vous ?

— Je ne discute pas.

— Si.

— Non
— Si.

— Taisez-vous, s'écria le miroir romain de sa voix argentine.

— Allez-vous vous taire, dit une autre voix faible et fêlée, comme si elle eût appartenu à un vieillard au comble de la décrépitude.

— Je ne me tairai pas, cria tout le plus haut qu'elle pût, la Vénitienne.

— Ni moi, riposta avec colère le miroir de Médicis.

— Mon Dieu, mes bons amis, interrompit la modeste glace qui avait déclaré avoir appartenu à la femme de Louis XV, je ne vois pas bien quel éclat les vertus de nos anciens maîtres peuvent jeter sur nous. C'est par nos propres qualités que nous pouvons acquérir quelque valeur personnelle ; ne vous semble-t-il pas qu'il vaudrait mieux, au lieu de discuter ainsi, nous raconter mutuellement notre histoire ? Après que chacun aurait dit qui il est, et d'où il vient, peut-être pou.. .ni.i si savoir lequel d'entre nous a le plus de droit à la considération des autres.

— Ma foi, ma chère, je crois que vous avez raison, mais qui commencera. Sera-ce le plus beau, le plus riche, le plus savant ou le plus noble ?

— Le plus noble, sans contredit, répondit la petite voix cassée, et le plus noble c'est moi, car ma race est la plus ancienne.

— Cela, interrompit brusquement le romain, c'est ce qu'il faut prouver, car....

— Allons du calme, interrompit la Française en se penchant vers lui, laissez donc parler ce pauvre miroir; à sa voix, il paraît si vieux...

— Qu'il doit radoter.

— O mon frère, ce n'était pas ma pensée; loin de moi ce coupable mépris pour les vieillards, je voulais dire au contraire que son âge lui donne droit à nos respects.

— Un éclat de rire accueillit ces paroles de la bonne petite glace, car ce n'était certes ni le miroir de Poppée, cette courtisane impératrice, ni celui de

Marie de Médicis, ni même la glace de la Marguerite des Marguerites, qui pouvaient comprendre ses égards pour le pauvre vieux miroir fêlé et terni qui se prétendait si noble.

L'hilarité s'apaisa pourtant, au bout d'un moment, et le bon vieux, qui avait eu tout le temps de secouer la poussière qui l'obscurcissait et de prendre une pose convenable pour faire son récit, commença en ces termes :

« Je suis Egyptien, je naquis à Memphis ; en quelle année, c'est ce qu'il me serait difficile de préciser, mais il y a bien longtemps.— L'Egypte était alors grande, prospère et gouvernée par de puissants Pharaons. Quant à moi, si je vantais tout à l'heure ma noblesse, c'était avec raison, car je suis le premier miroir de verre qu'on ait fabriqué en Egypte et, par conséquent, la souche de ces familles illustres qui ont justement éclipsé les miroirs de métal.

— La souche, dit la Vénitienne qui ne voulait pas manquer une si belle occasion d'étaler son érudition, c'est vous qui le dites, mais les Hébreux faisaient des miroirs de verre doublés de métal, donc rien ne prouve que vous soyez plus antique que les miroirs hébreux.

— Rien, en effet, mais rien non plus ne prouve que les hébreux n'avaient pas puisé en Egypte leur connaissance de la fabrication du verre, car ils se fixèrent dans la terre de Gessen, en 1706 avant Jésus-Christ, et ne sortirent d'Egypte qu'en 1492 sous la conduite de Moïse.

— Dites donc, vénérable Egyptien, reprit en ricanant l'érudite glace de Marguerite, savez-vous ce que c'est qu'un anachronisme ?

— Non, dit le vieillard, mais qu'est-ce que cela peut avoir de commun avec le récit de ma vie.

— Oh rien du tout, si ce n'est que j'ai bien peur d'une chose, c'est que vous en fassiez un en vous disant contemporain des puissants Pharaons de l'Egypte, quand, suivant Pline, les premiers miroirs de verre furent fabriqués à Sidon à une époque dont je ne me souviens plus, mais qui, je crois, est bien plus récente que celle de la puissance des Pharaons. — Ce dont je suis sûr, c'est qu'Aristote a parlé de la fabrication des miroirs de verre qui, dit-il, doivent être doublés de métal, et Aristote vivait quelque mille ans après Moïse.

— Je ne contesterai pas ce que vous avancez, car vous êtes plus instruite que je ne l'ai jamais été ; vous êtes plus jeune et votre mémoire est moins fatiguée que la mienne : c'est à de plus savants à juger entre nous. En tout cas, je suis encore le plus vieux de vous tous, ainsi permettez-moi de continuer mon récit.

« Par quel procédé je fus fabriqué, c'est une chose bien confuse dans mon esprit. Je crois cependant que j'ai été soufflé, puis poli et doublé d'une feuille d'argent. Il y a si longtemps de tout cela, si longtemps, que je ne puis en vérité vous donner aucun détail bien précis sur ce que j'étais avant d'être un miroir.... »

— Allons, allons mon vieux, reposez-vous, dit le miroir romain. Ce n'était pas la peine de vous déranger pour nous dire que vous aviez oublié toute

Fig. 10. Le creuset contenant le verre en fusion est amené au-dessus d'une table de fonte... (page 76).

votre histoire, passez-moi la parole, je suis le second en date.

« Mesdames et Messieurs, attention, car moi, je sais qui je suis et d'où je viens. Je suis romain ; passé à l'état de miroir en l'an 54 de Jésus-Christ. Jusqu'alors j'avais sommeillé dans les entrailles de la terre ; où ? je ne saurais vous le dire, car mes souvenirs ne datent que du jour où je m'éveillai à Rome sous le marteau de l'orfèvre ; je n'étais ni aussi large ni aussi mince que je le suis, et c'est grâce aux coups de marteau répétés dont je fus accablé que je pris la forme que vous me voyez. Si vous n'avez pas été ainsi battus (car c'est le terme qu'on emploie pour l'or et pour l'argent,) vous ne pouvez imaginer ce supplice affreux. Quand je fus réduit à l'épaisseur voulue, je fus poli, c'est-à-dire qu'on frotta et refrotta ma surface avec un instrument d'agate appelé polissoir jusqu'à ce que je pusse refléter les objets en face desquels j'étais placé.

Le polissage n'est pas trop désagréable. Je me rappelle la douce chaleur que produisait ce frottement léger et rapide, et je m'exposerais encore volontiers à cette opération pour retrouver mon ancien éclat. Une fois poli, on me fixa dans un cadre d'argent formé de branches de roses entrelacées et supporté par une Vénus qui servait de manche pour me tenir — J'étais fort beau alors, si beau que les miroirs de verre qu'on faisait à cette époque, et qui ne devaient leur pouvoir réfléchissant qu'à la feuille d'étain ou d'argent dont on les doublait, ne pouvaient entrer en comparaison avec moi. Jamais miroir, pas même les miroirs fabriqués avec l'obsidienne, — ce verre fourni par les volcans, — n'avait donné une image aussi nette, ni aussi pure, et c'est pourquoi Poppée m'acheta. J'assistai avec elle aux fêtes que lui donnait son époux, à l'incendie de Rome, ce spectacle à la fois sinistre et grandiose qu'un Néron seul pouvait contempler sans trembler. Avec elle je parcourus les avenues éclairées par des chrétiens en flammes qui servaient de flambeaux, et je ne fus séparé d'elle que lorsqu'elle eut succombé aux suites du coup de pied que lui avait donné Néron dans un moment de colère. Depuis, je dois avouer que j'ai été un peu négligé, la protection dont les empereurs ont honoré le verre a peu à peu ruiné la fortune des miroirs de métal et, aujourd'hui, nous ne sommes plus guère considérés que comme des objets de curiosité et des spécimens d'une industrie abandonnée. J'ai dit. »

Alors, à moi la parole, s'écria la Vénitienne, et tâchez d'être patient, car j'en ai long à dire.

« L'industrie du verre, qui remonte à la plus haute antiquité avait été perdue. Comme tant d'autres produits de la civilisation antique, elle avait été engloutie sous le flot de barbarie qui déborda sur le monde entier à la chute de Rome.

C'est à ma patrie qu'il fut donné de retrouver le procédé de fabrication des glaces. Nos doges savaient qu'une industrie unique était une source inépuisable de richesse et ils enfermèrent les verriers dans la petite île de Murano, afin qu'il fût plus facile d'empêcher les procédés de fabrication de transpirer.

Jusqu'au XVIe siècle, Venise seule fournit des

glaces à toute l'Europe, et le prix en était tel que c'était un luxe princier et que les miroirs de métal étaient encore les plus répandus. C'est à Venise que Louis XIV dut s'adresser lorsqu'il fit faire la magnifique galerie des glaces de son palais de Versailles.

Si Venise avait retrouvé l'art de faire les miroirs, elle l'avait perfectionné, car c'est elle qui, aux XIVe, siècle substitua l'étamage au doublage et qui donna aux glaces des proportions qui ne permirent plus de les tenir à la main comme on faisait auparavant quand on voulait s'y mirer. La première glace vraiment digne de ce nom fut achetée par le comte Borromée pour son palais de l'*Isola bella*. Je ne pourrais comme beaucoup de gens l'ont fait jusqu'ici commencer mon histoire *ab ovo*, mais comme je suis restée assez longtemps à Murano attendant mélancoliquement que mon cadre fût prêt, j'ai eu tout le temps de voir un certain nombre de mes frères et de mes sœurs entrer dans les creusets sous forme de sable et de soude et en sortir au bout de la canne de l'ouvrier sous forme de pâte liquide. Mais avant d'aller plus loin, avez-vous besoin que je vous décrive les fours, les creusets et tout l'outillage d'une verrerie. »

— Non, non, s'écrièrent en chœur les auditeurs, nous n'avons pas besoin de cette description, passez de suite à ce qui vous concerne.

— « Je dus être soufflée à l'aide d'une canne, puis, le cylindre de verre attaché au pontil, dut être étalé en plateau à la chaleur d'un four, exactement comme s'il se fût agi de verre à vitre. (C'est du moins ainsi que j'ai vu faire un grand nombre de glaces à Murano, par les fameux miroitiers d'alors, messers Danzollo del Gallo, Berriovero et Briati qui avaient succédé à Vicenzo Redor.)

Les plus grandes d'entre nous étaient encore assez petites comparativement aux glaces qu'on fabriqu aujourd'hui; mais les déchets de chaque plateau étaient considérables à cause de l'épaisseur produite par l'attache du pontil. — Une fois le plateau étendu on le mettait à recuire dans les carcaises; on le coupait en ne gardant que la partie à peu près régulière d'épaisseur, puis venaient le polisage, le biseautage et l'étamage.

Je dois avouer que les procédés employés de mon temps étaient, autant qu'il m'en souvient, bien plus grossiers que ceux d'aujourd'hui, et nous conservions toutes une certaine teinte verdâtre qu'on évite parfaitement maintenant, grâce à la chimie, cette science pour ainsi dire toute moderne. Je laisse à ma jeune sœur, la glace de Marie Leczinska, le soin de décrire le polissage et l'étamage, et je lui cède la parole.»

— Pardon, s'écria une voix légèrement irritée. On a parlé jusqu'ici par ordre de naissance et c'est à moi qu'appartient la parole, car je date de 1600. Vous ne prétendez pas, j'espère, me réduire au silence ?

— Eh qui vous dit de vous taire ? Il me semblait seulement que l'histoire de ma sœur de France complétait si naturellement la mienne qu'elles ne devaient pas être séparées l'une de l'autre.

— Elles le seront pourtant, car je prétends parler à mon tour. Je ne suis pas moi un vulgaire produit de l'industrie humaine, je suis du quartz hyalin pur, presque une pierre précieuse, car on fait des bijoux en cristal de roche.

— Oui, et des verres de lunettes aussi.

— On a osé dire qu'on m'offrit pas économie, à la reine Marie, parce que les glaces de Venise étaient trop chères, je ne m'abaisserai pas à relever une aussi vile calomnie. Si l'on avait voulu faire des économies, il aurait été facile de se procurer à Venise un cadre à fleurettes, à fausses agates et à filigranes qui eût certes moins coûté que le moindre de mes camées. Quelle figure eût faite, je vous prie, une plaque de verre au milieu de ce splendide assemblage d'onyx, de cornalines et de pierres fines qui m'entourent, comment eût-elle supporté l'éclat de ces superbes émeraudes qui brillent à mon sommet et à mes côtés? Il est certain que le quartz est d'un blanc plus pur, d'un grain plus fin que le verre, il prend un plus beau poli et il donne une image plus exacte parce qu'il exerce sur la lumière une double réfraction.

— Est-ce que vous prenez ce que vous venez de dire pour votre histoire ? Supposez-vous que cela nous apprenne d'où vous venez. — Vous êtes du cristal de roche, du quartz hyalin, comme disent les minéralogistes, cela nous dit-il quel est votre pays.

— Je suis Français, il est tout naturel que trouvant du quartz en assez grande abondance dans les montagnes de l'Auvergne et dans les Pyrénées, on n'allât pas en chercher plus loin.

Le quartz cristallise en prismes et il a fallu en avoir un bloc assez gros pour en tirer une plaque de ma dimension. Un lapidaire seul a pu me tailler, mais je ne saurais décrire les moyens qu'il a employés pour cela.

Le premier événement que me retrace ma mémoire, c'est ma présentation à la reine ; quelle pompe ! Quelle magnificence !

— Bon, arrêtez-vous là, mon bel ami, interrompit d'un ton railleur la glace de Venise, tout ce que vous pourriez dire se trouve dans l'histoire de **Henri IV**

et ne nous apprendrait rien sur la fabrication des miroirs. Puis elle ajouta en se tournant vers la glace :
Louis XV, je crois, ma sœur, que vous ferez bien de vaincre votre modestie et de nous dire, à votre tour, où et comment vous êtes née.

—Je ne suis pas du quartz hyalin, mais bien du sable ou quartz érénacé passé à l'état de verre, ce qui fait, mon cher Médicis, que si nous ne sommes pas frères nous pouvons nous considérer tout au moins comme cousins. Et mon origine est la même que celle de tous les objets en verre.

—Ah ! ah ! avec vos airs doux, il me semble que vous ne vous y prenez pas trop mal pour rabattre le caquet des vaniteux.

—Ne m'interrompez pas, je vous prie. C'est à Colbert qu'on doit l'introduction en France de l'industrie des glaces ; il fonda une manufacture dans laquelle travaillèrent dix-huit italiens sous la direction de Nicolas du Noyer, et en 1688, Lucas de Néhon imagina de couler les glaces au lieu de les souffler, ce qui lui permit d'en augmenter la dimension. Aussi obtint-il le privilège de la fabrication des grandes glaces.

C'est par le procédé de Néhon que je fus mise au jour à Saint-Quirin.

Permettez-moi de vous décrire en détail les procédés à l'aide desquels je suis devenue telle que vous me voyez aujourd'hui. Ce n'est point par pédantisme que j'entrerai dans certains détails techniques, c'est parce qu'il me semble que certains d'entre vous ne seront pas fâchés de savoir ce que sont devenus leurs descendants et comment on est arrivé à nous donner des dimensions que n'auraient jamais rêvées les fabricants primitifs de miroirs. Notre frère d'Egypte qui ne mesure que quelque centimètres de diamètre et dont la surface est légèrement convexe était un chef-d'œuvre à l'époque où il vit le jour; notre sœur de Venise dont la surface est plane, l'épaisseur presque régulière, et qui mesure 80 centimètres de haut était de son temps une merveille, et moi, qui ai 1^m 80 sur 1^m 20 j'ai été considérée, dans mon temps, comme une glace de dimensions énormes. Qu'auraient dit les bonnes gens qui nous ont faites s'ils avaient pu admirer les produits de cette magnifique usine de Saint-Gobain dans laquelle sont venues s'unir les fabriques de Saint-Quirin et de Chauny ! J'ai entendu parler d'une glace de 6 mètres 9 centimètres sur 3ᵐ 59 dont l'épaisseur était, dit-on, parfaitement régulière.

Mais, revenons à Saint-Quirin et au coulage des glaces.

Le creuset contenant le verre en fusion est amené à l'aide d'une machine au-dessus d'une table en fonte bien plane et placée dans une position légèrement inclinée. (Fig. 10, p. 65).

On verse sur cette table le contenu du creuset et deux règles de fer, passant aussitôt sur le verre, l'étendent de façon à ce que son épaisseur soit, autant que possible, la même dans toute l'étendue de la table. Voilà pour le coulage.

De la table de fonte, on passe au four à recuire qu'on met trois jours à traverser sur un chariot, bien à l'abri des courant d'air. Quand on sort de là on n'est encore qu'une plaque de verre d'une apparence assez ordinaire et bien des opérations sont nécessaires pour arriver à l'état de miroir.

D'abord, le dégrossissage qui n'est pas bien agréable ; la fenasse, sorte de molette vous parcourt en tous sens toujours frottant et refrottant votre surface avec une poudre de grès qui vous déchire : — mais que ne peut-on supporter pour acquérir la beauté. Quand la fenasse a bien passé et repassé, frotté et refrotté partout, l'ouvrier déclare le dégrossissage fini.

Pour ma part, je poussai un soupir d'allégement quand je fus dégrossie. Enfin, disais-je, c'est maintenant qu'on va m'entourer d'un beau cadre doré et qu'on va me porter dans un palais digne de moi. J'étais assez vaniteuse à cette époque de ma vie et j'avais hâte de voir autre chose que la verrerie et les verriers, mais mon éducation n'était pas encore achevée.

On enleva le grès qui me couvrait, on y substitua de l'émeri ; on posa sur moi une glace toute pareille à moi-même et tournant et glissant nous commençâmes à nous entrefrotter mutuellement, c'est ce qu'on appelle le *doucissage*. — Ouf! la tête m'en tourne encore quand j'y pense. Le seul souvenir que j'aie de cette phase de mon éducation, c'est un immense étourdissement. Le savonnage me rendit un peu la conscience de moi-même, et à peine reprenais-je mes esprits que je me vis couverte de colcothar (peroxide de fer) et que des frottoirs de feutre passant et repassant sur moi vinrent me rappeler la fenasse. Si le polissage vous a laissé de doux souvenirs, mon frère de Rome, il n'en est pas de même pour moi, et encore n'était-ce pas le dernier de mes maux, il fallait m'étamer.

Le tain est un amagalme d'étain et de mercure. On l'a substitué à la lame de métal dont on doublait autrefois les miroirs, parce qu'il adhère au verre.

On me nettoya d'abord avec de la cendre et avec de la fécule chaude, puis on me posa sur une table en pierre de liais sur laquelle était étendue la feuille d'étain couverte de mercure, et l'on me pressa pendant 24 heures. Je crus que j'étoufferais et que je n'en reviendrais jamais ; je ne me sentis tranquille que lorsque je fus mise à égoutter pour faire écouler le mercure inutile. J'étais une glace enfin, et une belle glace pour ce temps-là. On me doubla d'un parquet de bois, on me mit dans un cadre doré, puis on alla m'offrir en grande pompe à la reine.

Que j'étais fière et contente ! J'étais à la cour, tout allait être joie et plaisirs autour de moi. Hélas ! mon illusion fut de courte durée ; j'ai pu voir qu'à la cour, comme ailleurs, il y a plus de tristesse que de joie, j'ai contemplé les larmes des hommes plus souvent que leurs sourires et j'ai pu me convaincre à loisir que les grandeurs ne font pas le bonheur, mais bien la seule vertu.

Encore quelques mots et je me tais. L'étamage était fort malsain pour les ouvriers à cause du mercure et les savants cherchèrent longtemps un procédé nouveau pour le remplacer Drayton substitua l'argent à l'étain et supprima le mercure en employant une dissolution d'azotate d'argent mêlée d'alcool et d'une huile essentielle. M. Dodé a employé le platine. Le platinage est avantageux à la fois aux ouvriers et aux glaces, car celles-ci n'ont plus besoin d'être polies que d'un seul côté.

— Ma chère, s'écria la Vénitienne, j'irais vous couronner de lauriers, si j'avais des lauriers et si je pouvais quitter mon clou ; vous êtes à la fois la plus savante, la plus modeste et la plus parfaite d'entre nous.

A mademoiselle Jeanne BETREMIEUX

IV

Découverte de Louis de Berquem.
(LE DIAMANT ET SA TAILLE)

—

I

En l'an 1473, la ville de Bruges, qui compte aujourd'hui 60,000 habitants, était déjà une puissante cité. Ses fabriques de draps, de toile et de dentelles l'avaient enrichie, le séjour des ducs de Bourgogne lui avait donné le luxe et l'animation, et Jean Van Eyk et son frère l'avaient rendue célèbre dans les arts en inventant ou en retrouvant le procédé de la peinture à l'huile.

La guerre de Cent ans avait été terminée par les batailles de Formigny (1450) et de Castillon (1452), les Anglais étaient chassés de France. L'Espagne s'était affranchie du joug des Maures et l'Europe occidentale commençait à se reposer et à se préoccuper d'arts, de commerce et d'industrie.

Au quatorzième siècle, l'Italie, malgré la lutte terrible des Guelfes et des Gibelins, avait seule vécu de la vie de l'intelligence, elle avait eu Cimabué, elle avait eu Boccace, elle avait eu Dante.

Les Génois et les Vénitiens possédaient l'empire des mers, et Bologne, la première, avait eu l'honneur de faire connaître Homère à l'Europe.

Au commencement du quinzième siècle, le mouvement intellectuel s'accentua partout à la fois, préparant cette grande époque du seizième siècle, qui fut appelée la Renaissance, et qui plaça la France au premier rang des États civilisés.

En 1473, le génois Colomb, après avoir vu Mathieu Béhaim, cherchait déjà des vaisseaux pour partir à la découverte de ce pays inconnu qui était peut-être l'antique Atlantide, dont on ne savait plus la route, et que Béhaim avait marqué d'un point rouge sur sa sphère.

Je suis trop vieux, disait l'astronome, pour prendre la mer et aller à la recherche de ce continent, mais je sais qu'il existe.

— J'irai, moi, dit Colomb.

A force de persévérance, il obtint le commandement d'une escadre espagnole, et, en 1492, il aborda Guanahami, ouvrant aux vaisseaux la route de l'Occident, trente-deux ans après que le portugais Vasco de Gama avait ouvert celle de l'Orient en doublant pour la première fois le cap de Bonne-Espérance.

En 1460, Albert Durer avait découvert l'art de la xylographie ou de la gravure sur bois, et de cet art devait naître, en 1476, l'invention la plus utile au progrès de l'esprit humain, celle de l'imprimerie.

L'Europe s'éveillait de dix siècles de barbarie, un souffle de force et de jeunesse s'échappait de toutes les poitrines.

Le 26 mai 1473, la ville de Bruges était en fête, son hôtel de ville était pavoisé, et Notre-Dame faisait entendre son joyeux carillon, qui est encore aujourd'hui l'un des plus remarquables carillons que puisse posséder une cathédrale.

Les rues étaient pleines de grands seigneurs à cheval et de dames étendues dans de riches litières attelées de mules, et le canal était sillonné de nombreuses barques. Seigneurs à cheval, bourgeois à pied ou sur leurs mules, grandes dames en litières et barques sillonnant les flots clairs du canal, toute cette foule se dirigeait vers la cathédrale, où l'on célébrait les noces de messire Louis de Berquem et de très-noble damoiselle Charlotte de Hesden.

Le baron de Hesden, père de Charlotte, avait vendu ses terres une à une pour entretenir ses hommes d'armes, partout il avait combattu aux côtés de Charles-le-Téméraire ; enfin, il était tombé au siège de Beauvais, recommandant sa fille au duc.

Messire Louis, lui, n'était point noble, mais il était bourgeois de Bruges, et depuis que les Arteveld avaient fait leur patrie si grande, la bourgeoisie flamande valait la noblesse.

Au seizième siècle, l'infant don Carlos prisait son

titre de bourgeois de Gand plus haut que sa grandesse d'Espagne, et ce titre, dit-on, pesa plus lourd que tout autre, dans la balance, au jour de l'élection qui fit de don Carlos d'Espagne l'empereur Charles-Quint.

Le père de messire de Berquem avait aidé les ducs de Bourgogne dans leur lutte contre le roi de France, il avait eu la confiance de Philippe-le-Bon, puis celle de Charles-le-Téméraire. Il était fort riche; les premiers vaisseaux flamands qui avaient été dans l'Inde étaient à lui, et il possédait à Golconde une factorerie qui lui expédiait des diamants.

Les gisements de Golconde étaient alors les seuls qui fussent connus. La Russie, encore barbare, ne soupçonnait point les richesses que recèlent les flancs de l'Oural. Le Brésil ne devait être découvert qu'au seizième siècle, et les gisements du Cap devaient rester ignorés jusqu'à nos jours.

Messire Jean de Berquem étant mort en 1467, ses immenses richesses étaient passées à son fils, alors âgé de quatorze ans.

Louis et Charlotte s'étaient vus, ils s'étaient aimés et le duc avait consenti à leur mariage. Il y assistait en personne, accompagné de la jeune princesse Marie, alors âgée de quinze ans, et qui devait être impératrice d'Autriche.

Tous les regards étaient fixés sur les deux charmants jeunes gens qui allaient s'unir. Louis avait vingt ans, Charlotte en avait dix-huit, tous deux étaient beaux et tous deux orphelins.

La jeune fille portait une robe de brocatelle de Gênes, toute rehaussée de scorpions de Venise[1], en argent. Son voile était rattaché par un diamant d'un prix inestimable.

C'était, disait-on, un de ces merveilleux diamants de Golconde qui sont lumineux la nuit. Croyance erronée, fondée sur ce fait véritable que les diamants qui ont été exposés pendant plusieurs heures au soleil sont phosphorescents pendant la nuit.

Il semblait que tout s'associât à la joie des nou-

---

[1] Sorte de guipure.

veaux époux, le ciel était bleu, l'air tiède, la foule animée, les visages joyeux. Les cloches tintaient gaiement, les mendiants comptaient avec un sourire les pièces de monnaie qu'ils avaient recueillies, et les vieilles femmes accroupies au soleil, sous le porche de Notre-Dame, se demandaient qui pourrait être heureux si ces deux beaux enfants ne l'étaient pas.

II

C'était par une belle et chaude journée de mars, le canal était couvert de barques chargées de monde et les cloches sonnaient encore.

Deux ans s'étaient écoulés, et messire Louis de Berquem venait de nouveau, suivi d'un long cortège d'amis, s'agenouiller devant le maître-autel de Notre-Dame.

Mais, cette fois, le chant des cloches était un glas funèbre; il n'y avait que tristesse sur tous les visages, messire Louis était vêtu de noir, et sa jeune femme n'était plus à ses côtés.

Elle lui avait donné un fils, il y avait un an à peine ; depuis la naissance de ce petit être, elle s'était affaiblie de jour en jour, et elle s'était enfin éteinte entre les bras de Louis, en lui faisant promettre qu'il vivrait pour son fils.

C'était elle qui était là, morte, dans ce cercueil couvert de fleurs, que suivait le pauvre Berquem.

Il assista machinalement au service funèbre, il vit descendre le cercueil dans le caveau où reposaient déjà son père et sa mère, puis il rentra chez lui et vint s'asseoir auprès du berceau où dormait son fils.

C'était là désormais qu'il passait tous ses jours, ne vivant plus que de la vie de cette créature si frêle.

Mais le petit enfant survécut peu à la jeune mère; Louis suivit le cercueil de son fils comme il avait suivi celui de sa femme et se trouva seul dans sa vieille maison.

Il se rendit à la chambre de Charlotte.

Tout y avait été laissé religieusement dans le même état que lorsqu'elle vivait. Son luth était hors de l'étui comme si elle venait de le reposer après en avoir joué, son métier était encore tendu avec la broderie commencée. Près de la fenêtre une petite table à pieds tors supportait la cassette où elle déposait ses diamants, dans la poussière de diamant, et devant la table, le fauteuil dans lequel elle était assise quand elle avait rendu le dernier soupir.

Louis s'assit dans ce fauteuil et resta là, morne et silencieux.

Pauvre Louis! sa mère était morte en le mettant au monde; son père avait été rude pour lui, et il avait vécu solitaire et triste jusqu'au jour de son mariage. Les deux années qu'il avait passées avec Charlotte étaient les deux seules années heureuses de sa vie, et voilà que la mort était venue lui ravir son bonheur.

III

Il y avait déjà un an que Charlotte dormait sous les dalles de l'église, et la douleur de Louis ne semblait pas devoir s'apaiser. Il restait dans la chambre où elle était morte, assis à la même place et froissant sans cesse dans leur lit de poussière les diamants qu'elle avait portés à son mariage. Il semblait que le désespoir eût déjà éteint l'intelligence du jeune homme et le bruit courait dans la ville qu'il était devenu fou.

Un jour, cependant, un brusque changement se fit dans l'existence de Berquem ; il descendit à son comptoir où il n'était pas venu depuis longtemps, il s'informa des vaisseaux qui étaient arrivés à Ostende et demanda si l'on avait reçu des nouvelles de la factorerie de Golconde.

Depuis, on le vit chaque jour aller chez un habile mécanicien, auquel il avait en secret confié l'exécution d'une étrange machine. C'était une sorte de meule horizontale en acier, qui, au moyen d'engrenages et d'une pédale, tournait avec une extrême rapidité. Louis s'enfermait bien encore, mais ce n'était plus pour pleurer ses morts, c'était pour se livrer à un travail mystérieux

Messire Louis était fort savant, ayant étudié à l'Université de Louvain; et les bonnes âmes commencèrent à répéter qu'il s'occupait d'alchimie et de sorcellerie.

L'imagination féconde de toutes les commères de Bruges s'ingéniait à découvrir la cause d'un aussi brusque changement, et leurs langues s'évertuaient à raconter les rêves de leur imagination; mais nulle d'entre elles n'avait deviné juste.

Voici ce qui était arrivé :

Un jour, Louis avait cru remarquer un changement dans l'aspect des diamants qu'il froissait l'un contre l'autre. Le diamant s'usait-il et se polissait-il ainsi? Le poli en augmentait-il l'éclat?

Le jeune homme recommença à user ses diamants l'un sur l'autre; — point de résultat. Pourtant le gros diamant, qui, autrefois, avait la forme arrondie d'un cabochon, la seule qu'eussent alors les pierres précieuses offrait bien maintenant à son sommet une surface plane, une sorte de table, et ce changement de forme n'avait pu être produit que par le frottement.

Louis prit dans le coffret un peu de poudre de diamant et frotta ses diamants avec cette poudre.

Il avait trouvé!

Quel intérêt maintenant dans sa vie! Si sa découverte pouvait être utilisée dans l'industrie, c'était la fortune de son pays qu'il allait faire.

Alors il se procura de l'*égrisée* (poudre de diamant) en grande quantité, et fit construire la machine étrange qui avait tant préoccupé la ville de Bruges.

Ce que messire de Berquem avait découvert, c'était le procédé de la taille du diamant.

Dès la fin de l'année 1476, des diamants taillés tincelaient dans les écrins du comptoir de messire de Berquem, et les Pays-Bas ajoutaient à leurs autres sources de richesse la taille du diamant.

Les savants prétendent que l'histoire de Louis de Berquem n'est qu'une légende, et qu'on taillait déjà le diamant au treizième siècle ; mais ils reconnaissent qu'en 1476, un riche lapidaire de Bruges, nommé Louis de Berquem, exploitait la taille du diamant à l'aide de l'égrisée.

IV

Quel procédé et quels appareils employait Berquem ou ceux qui ont, avant lui, taillé le diamant, c'est ce qu'il ne serait peut-être pas très-facile de décrire; mais ce que nous pouvons plus facilement dire, c'est comment on s'y prend aujourd'hui.

Pour avoir de l'égrisée, on pulvérise, dans un mortier, des diamants qui ne peuvent être taillés, et que les lapidaires appellent *diamants de nature*.

On arrose d'égrisée, mêlée à de l'huile d'olive, une plaque d'acier bien dressée, à laquelle on imprime un mouvement de rotation très-rapide. (Fig. 11).

Sur cette plaque d'acier, on appuie le diamant, maintenu dans une capsule d'étain. Quand une facette est faite, on change le diamant de côté dans sa capsule d'étain, et l'on expose une nouvelle place à la meule. On continue ainsi jusqu'à ce que la pierre soit complètement taillée.

Autrefois, on distinguait les diamants taillés en *pierres faibles*, dont les deux faces étaient simplement polies et les côtés taillés en biseau, et en *pierres épaisses*, dont le dessous était taillé en prisme.

Aujourd'hui, on taille *en rose* ou *en brillant*. Dans les *roses*, le dessous est plat et le dessus a la forme d'un dôme portant vingt-quatre facettes. Les brillants se composent de deux parties : le dessus offre une partie plate, appelée *table*, entourée de huit pans ornés de facettes triangulaires, qui forment ce qu'on appelle *la dentelle* ; le dessous, ou *culasse*, offre une pyramide garnie de facettes, appelées *pavillons*, et symétriques à celles qui forment la dentelle.

Le monopole de la taille du diamant a longtemps appartenu aux juifs hollandais, et lorsqu'on a, il y a environ vingt-cinq ans, organisé à Paris une taillerie, il a fallu faire venir des ouvriers d'Amsterdam.

Parmi les diamants, les uns sont jaunâtres, comme ceux du Cap; bleuâtres, comme ceux de l'Oural, ou rosés, ou blancs : ces derniers sont les plus estimés. Les diamants noirs sont fort rares.

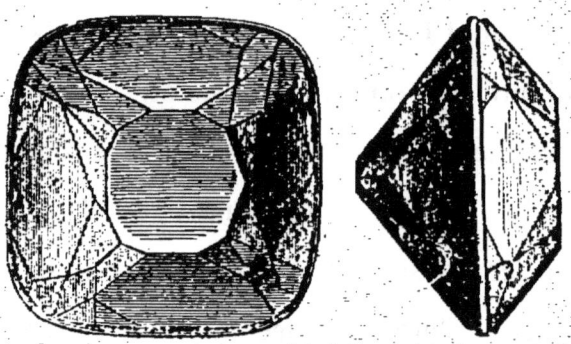

Fig. 12 et 13. Le Régent.

De tous les diamants connus, le plus remarquable est le *Régent*, qui appartient à la France. (Fig. 12 et 13).

Le plus gros est celui du rajad de Matan, dans

l'île de Bornéo. Il pèse 61 grammes 650, mais il n'est pas taillé.

On a longtemps ignoré la nature du diamant. Newton avait soupçonné que ce devait être un corps combustible. Le duc François de Lorraine en avait brûlé; ce fut seulement après la découverte de l'acide carbonique par Black et Priestley, que Lavoisier et Guyton de Morveau constatèrent que le diamant produit de l'acide carbonique, en brûlant. Davy prouva que le diamant est du carbone pur puisqu'il ne laisse aucun résidu en brûlant dans l'oxygène, et que le poids d'acide carbonique obtenu est dans un rapport constant avec celui du diamant et de l'oxygène.

Puisqu'on a pu constater ce que c'est que le diamant, il est tout naturel qu'on ait cherché à en fabriquer; mais jusqu'ici, la science a échoué. Elle a pu faire de l'acide carbonique avec des diamants; mais elle n'a pu encore convertir en diamant le charbon même le plus pur.

Fig. 11. On arrose d'égrisée une plaque d'acier à laquelle on imprime un mouvement de rotation très-rapide *(page 94)*.

Les jeunes filles de bonne bourgeoisie (page 98).

A Mademoiselle Marthe JOUZIER.

V

La chanson du lin.

—

Ceci se passait, non pas au temps où la reine Berthe filait, mais à l'époque déjà lointaine où les jeunes filles de bonne bourgeoisie ne dédaignaient pas de filer et de coudre leur trousseau de leurs propres mains.

Lorsqu'elle était encore une toute petite fille, avec ses cheveux blonds flottant en boucles sur ses épaules, Lina Sprengel avait semé dans son jardin une plate-bande entière de lin. Elle trouvait qu'on avait tort de reléguer aux champs cette jolie plante aux tiges grêles, aux délicates fleurs bleues et pour réparer cette injustice, autant qu'il était en elle, Lina avait ensemencé de lin son jardinet. (Fig. 15).

Son cousin Guillaume plus âgé qu'elle de quatre ou cinq ans, rit de bon cœur à tout ce qu'elle put lui dire à ce sujet.

Guillaume prétendait que le lin se coucherait en grandissant et qu'il ne serait pas joli du tout, mais Lina répondait — elle avait réponse à tout — qu'elle mettrait des tuteurs au lin, ce qui faisait rire Guillaume sur de nouveaux frais.

L'idée de Lina n'était pourtant pas si sotte, ainsi que maître Guillaume put s'en convaincre pendant la visite qu'il fit à son oncle Jacques Sprengel, à quelque temps de là.

En parcourant les vastes champs plantés de ce lin de Flandre qui pousse haut et dru, le jeune garçon vit que le lin était ramé, c'est-à-dire que les tiges étaient soutenues pour qu'elles ne pussent ni se coucher sous l'effort du vent, ni se courber par leur propre poids lorsque la graine aurait succédé à la fleur, car un contact prolongé avec la terre humide aurait pu attaquer les fibres de la plante.

Jacques Sprengel que les deux enfants étaient allés voir était le propre frère de Guillaume Sprengel, père de Lina, et de Philippe, père de Guillaume.

Les trois frères avaient compris qu'il est bien difficile à un être isolé, quel qu'il soit, de n'être pas submergé dans le grand tourbillon du monde et ils avaient pris cette devise adoptée depuis par un des royaumes qui furent taillés dans les Pays-Bas : « L'union fait la force. »

Si bien que leurs trois maisons séparées en apparence, par leurs industries diverses, n'en faisaient en réalité qu'une seule.

Jacques, l'aîné, gardant le domaine paternel, s'adonnait à la culture du lin auquel il faisait subir, après la récolte, toutes les opérations agricoles qui, de plante verte, le transforment en une belle filasse blonde, soyeuse et argentée.

Guillaume occupait, tant chez lui, à Courtray, que dans la campagne environnante, plusieurs centaines de métiers battants et les fileuses de plusieurs lieues à la ronde suffisaient à peine à fournir de fil les tisserands qui, sous la direction de Guillaume Sprengel, transformaient à leur tour le fil souple et fort en une toile solide et légère à la fois.

Les toiles de Courtray furent de tout temps renommées, mais les plus estimées alors étaient, sans contredit, celles qui sortaient de chez Guillaume Sprengel.

Quant au troisième frère, Philippe, il faisait le trafic, ses chariots parcouraient toute l'Europe, et ses vaisseaux naviguaient dans toutes les mers, partant du port d'Ostende chargés de tissus d'Europe, y revenant avec de riches cargaisons des produits de l'Inde et de l'extrême Orient. On prétendait même qu'un de ses navires avait pénétré jusqu'au mystérieux royaume du Cathay.

On pouvait dire que messire Philippe avait des comptoirs et des agents dans le monde entier.

En Saxe, il échangeait des toiles de Courtray contre ce beau linge de table façonné, dont les fleurs satinées ressortent sur un fond mat et qu'on désigne sous le nom de linge damassé, parce que les premiers tissus à fleurs qu'on connut en Europe venaient de la ville de Damas.

Dans la Flandre française, il s'approvisionnait de ces batistes soyeuses et de ces linons transparents que fabriquaient seuls les tisserands de Valenciennes, de Douai et des environs de Lille, inhabiles à reproduire la texture serrée des toiles de Courtray.

La Normandie lui fournissait des toiles de chanvre dont quelques-unes, celles de Lisieux surtout, peuvent rivaliser avec les toiles flamandes et hollandaises.

Il transportait les produits du lin et du chanvre, comme nous l'avons dit, jusque dans les pays les plus lointains et rapportait des Indes, du Maroc et d'Espagne, les tissus fabriqués avec le duvet qui enveloppe les graines du cotonnier, car au temps où vivaient les frères Sprengel, à part les fabriques de mousseline fondées par les arabes à Cordoue, à Séville et à Grenade, il y avait peu d'endroits en Europe où l'on tissât le coton.

L'un cultivant, l'autre fabriquant, le troisième vendant, les frères Sprengel avaient réuni leur industrie, leur travail, leurs forces, et ils étaient parvenus à édifier une des plus belles fortunes dont il fût parlé dans les Flandres où les belles fortunes ne manquaient cependant pas. Quand on s'entretenait d'eux, on disait ; les riches Sprengel.

Or, les seuls rejetons de cette famille étaient Lina, fille de Guillaume et Guillaume fils de Philippe que nous avons laissés chez leur oncle Jacques, parcourant les vastes champs de lin coupés par de grands prés couverts de trèfle où serpentaient les eaux limpides de la Lys.

De ce que Guillaume ne savait pas encore, ou plutôt de ce qu'il n'avait pas encore remarqué qu'on rame le lin en Flandre, on aurait tort de conclure qu'il était tout-à-fait ignorant ; bien loin de là, il était fort avancé pour son âge, ayant été confié, dès sa petite enfance, aux soins d'un habile précepteur.

Celui-ci, au lieu de chercher à faire du jeune

garçon un clerc érudit, savant dans les choses de l'antiquité, mais fort peu instruit des nécessités de la vie journalière, s'appliquait au contraire à lui donner les connaissances qui pourraient lui être utiles, lorsqu'il commencerait ses courses à travers le monde, pour vendre et trafiquer ainsi que le faisait son père. Il lui enseignait la différence entre les divers tissus, les procédés de filature et de tissage particuliers pour la laine, la soie, le coton, le chanvre et le lin, lui apprenait le nom de tous les lieux de production, lui en montrant la position sur la carte, ainsi que celle des villes où se tenaient les foires importantes qui constituaient alors les centres d'approvisionnement. Il lui indiquait la manière de dresser les comptes et lui expliquait les usances et coutumes qui tenaient lieu, alors, de droit commercial. En sortant des mains d'un tel précepteur, il ne manquerait à Guillaume que certaines connaissances nautiques, faciles à acquérir en quelques voyages.

Mais le jeune Sprengel n'en était pas encore au

temps de ses caravanes et il lui restait bien des choses à apprendre jusque-là.

Quoi qu'il en fût, il était déjà en état de donner beaucoup d'explications à Lina quand ils causaient ensemble de ceci et de cela, tout en jouant sur les bords de la Lys.

— Puisque le lin donne le fil pour faire de la toile, disait la petite fille, je comprends maintenant qu'on en couvre la campagne au lieu d'en mettre seulement un peu dans les jardins ; mais alors, pourquoi notre oncle Jacques laisse-t-il une partie de ses champs avec du trèfle qui est inutile à nos parents puisqu'ils ne sont pas, comme les gens de guerre, possesseurs de nombreux chevaux et qu'ils n'ont pas non plus de bestiaux à nourrir ?

Guillaume sourit et répondit, que la terre a besoin de se reposer après avoir porté une récolte de lin, que le trèfle est une des plantes qui lui rendent le mieux les qualités nécessaires à la croissance du lin, et il ajouta que les prés servaient encore pour étendre la toile alors qu'on voulait la blanchir.

Il aurait pu ajouter que les prés étaient aussi utiles à l'époque du rouissage et du séchage du lin, mais peut-être ne le savait-il pas encore.

La conclusion de Guillaume, à propos de la culture du lin, fut que ce serait bien amusant de passer quelque temps chez l'oncle Jacques et de prendre part à la récolte.

Lina trouvait aussi que ce serait bien amusant, mais elle pensait également que ce serait bien ennuyeux d'être si longtemps loin de dame Marguerite Sprengel sa mère.

Tout s'arrangea si bien que les deux désirs contradictoires de la petite fille furent satisfaits ; elle passa l'automne chez l'oncle Jacques et ne quitta pas sa mère qui vint s'installer à la campagne, pour un bout de temps afin de rétablir sa santé chancelante.

Les travaux agricoles ont toujours été agréables aux enfants qui aiment le mouvement et le grand air ; aussi Guillaume et Lina prirent-ils une part active à la récolte du lin et à la préparation de la filasse.

Il fallait les voir, armés d'une *drège*, sorte de peigne en bois, enlever d'un seul coup, les petites capsules pleines de graines qui garnissaient les tiges! Il n'y avait pas d'ouvrier ni d'ouvrière, qui pût aller plus vite qu'eux.

Fig. 15. Le Rouissage.

Dame Marguerite s'était d'abord opposée à ce que sa fille prit part au rouissage (Fig. 15), parce qu'elle savait combien ce travail est dangereux, à cause des émanations putrides qui se dégagent des ruisseaux, dans lesquels on met tremper le lin jusqu'à ce que la partie verte soit décomposée; mais Jacques Sprengel, employait pour rouir le lin, un procédé à peu près seul en usage actuellement, mais qui était encore peu usité de son temps, et grâce auquel la santé des travailleurs ne se trouvait plus compromise.

En effet, au lieu de mettre le lin attaché par petites bottes, à tremper dans l'eau pour l'en retirer au moment précis où toutes les gommes et les résines fondues, toutes les parties vertes ou ligneuses détruites, la putréfaction menaçait d'attaquer les fibres qui fournissent le fil, Jacques Sprengel le faisait étendre sur les prés frais fauchés où il le laissait exposé à l'action de la pluie et de la rosée, jusqu'à complète séparation des fibres textiles. Pour faciliter le rouissage, on retournait le lin soir et matin et quand la saison était sèche, on suppléait aux pluies qui faisaient défaut, en arrosant le lin[1]

---

[1] Aujourd'hui, on trempe le lin dans de l'eau additionnée d'acide sulfurique en faible proportion.

La qualité supérieure des produits des frères Sprengel, était due à ce procédé de rouissage et aussi à ce qu'au lieu de sécher le lin au *Haloir*, c'est-à-dire en le plaçant sur une grille au-dessus d'une fosse dans laquelle on entretient du feu, ils le séchaient simplement au soleil ainsi qu'on fait sécher le foin

Les frères Sprengel n'hésitaient jamais à faire l'expérience des procédés propres à améliorer leurs produits ou à rendre la condition de leurs ouvriers moins précaire. Bien que de telles expériences entraînent d'ordinaire de grands frais, les Sprengel n'y regardaient pas, prompts à sacrifier le profit actuel pour le bénéfice à venir ; ils savaient que s'ils ne recueillaient pas eux-mêmes le fruit de leurs sacrifices, leurs fils les recueilleraient, ou les fils de leurs fils, ou à défaut de ceux-ci, l'humanité qui profite toujours des lumières acquises par les races éteintes, et s'en aide pour faire un pas en avant. Se sentant ainsi immortels par leurs œuvres, ils savaient attendre, ils n'étaient pas affamés des jouissances de l'instant présent, comme le sont ceux qui n'ayant rien produit, meurent tout entiers et ne laissent rien après eux, pas même un souvenir dans le cœur d'un ami.

Malgré l'inocuité du rouissage pratiqué par le procédé employé chez Jacques Sprengel, Lina s'en occupa peu, elle resta aussi à peu près étrangère aux travaux du séchage et ne recommença à se mêler assidument aux travailleurs, que lorsqu'il fut temps de séparer les filaments blonds de la tige ligneuse. Cela se faisait à la veillée pendant que quelque beau parleur racontait l'histoire de la grandeur des Flandres au temps des Arteveldt, ou la lutte du Téméraire contre le cauteleux roi de France, Louis XI. Il y aurait peut-être beaucoup à dire sur les opinions émises ainsi autour du feu de chènevottes dont la flamme combattait la fraîcheur des soirées d'automne et mettait des reflets fantastiques sur le visage du conteur et de ses auditeurs attentifs, nous n'aborderons cependant pas ce sujet, car ce n'est pas l'histoire de la domination féodale ou de l'éclosion des communes que nous voulons faire, mais bien celle de Lina Sprengel et en même temps celle du lin.

Ce qui amusait Lina encore plus que de détacher le lin de la chènevotte, autrement dit de la partie non textile de la tige ; ce qui l'amusait surtout, c'était le *teillage*, elle présentait la petite botte de lin séché, à la *broie* ou *macque*, dont Guillaume faisait mouvoir la mâchoire supérieure, qui, en s'abattant, écrasait les fines tiges avec de petits craquements de paille sèche et les deux enfants riaient de voir ainsi la broie mâcher le lin.

Et l'*espadage*, donc ! Quel plaisir de battre, à grands coups du sabre de bois appelé *espade*, les petites bottes de lin pincées par un bout dans une planche ; à ce jeu Guillaume s'animait, disant parfois qu'il aurait voulu espader de même, les étrangers qui gouvernaient la Flandre et l'avaient ensanglantée naguère par d'horribles persécuteurs.

Bien que la domination de madame la Régente des Pays-Bas, propre fille du roi d'Espagne fût

Fig. 16. Lina avait ensemencé de lin son jardinet (page 100).

assez douce, le souvenir du duc d'Albe, était trop récent pour être effacé et les flamands trop indépendants pour supporter patiemment un joug étranger quel qu'il fût.

Les élans belliqueux du jeune garçon duraient peu du reste et son attention était bien vite distraite, soit par le travail des peigneuses, qui débarrassaient le lin des filaments grossiers qui forment l'étoupe, soit par celui des cardeuses qui reprenaient l'étoupe après le peignage pour la mettre en état d'être livrée au cordier [1].

De main en main, de préparation en préparation, le lin était devenu filasse, il n'y avait plus rien à apprendre chez l'oncle Jacques et d'ailleurs l'hiver était venu, Lina rentra à Courtray avec sa mère.

Aussitôt arrivée, elle courut à son jardin, car elle avait formé le projet d'exploiter son champ minuscule, de filer elle-même la filasse qu'elle en retirerait et de commencer ainsi son trousseau.

[1] Toutes les opérations, dont on vient de parler, sont les mêmes pour le chanvre que pour le lin.

Malheureusement pour la réalisation des intentions de Lina, il était trop tard pour couper le lin qui était couché tout jaune sur la terre et la fillette se désolait, pleurant sa récolte perdue.

C'était un chagrin facile à apaiser, aussi le fut-il bientôt à la vue d'un gros paquet de filasse de choix que l'oncle Jacques avait joint pour sa nièce, à l'approvisionnement des ateliers de son frère.

Lina ne laissait plus un moment de repos à sa mère pour apprendre à filer, elle avait tant de hâte, qu'elle avait commencé toute seule à filer au fuseau comme faisaient encore quelques vieilles femmes dont l'esprit routinier se refusait à adopter le rouet, inventé par un bourgeois de Brunswick, nommé Jungen vers l'année 1530.

Comme toutes les personnes trop pressées, Lina ne serait arrivée à rien de bon, si sa mère n'était intervenue bien vite pour lui montrer à garnir sa quenouille, à tirer doucement les brins de filasse en les tordant légèrement. Malgré sa bonne volonté, l'enfant gâcha pas mal de filasse avant d'obtenir sa première bobine de fil, un fil irrégulier, gros, noueux, bon seulement à faire les plus gros torchons du trousseau que Lina voulait se filer elle-même.

La petite fileuse ne perdit pas courage pour cela, elle travaillait avec persévérance, rhythmant le mouvement de son rouet sur l'air naïf d'une chanson que Guillaume lui avait apprise :

> Le lin blond, de sa voix joyeuse,
> Chante aux premiers feux du jour :
> Lève-toi, fileuse !

> Le rouet, de sa voix grondeuse,
> Va disant à chaque tour :
> Travaille, fileuse !

> La bobine à la voix songeuse
> Murmure quand vient le soir :
> T'endors-tu, fileuse ?

> La lune brille radieuse
> Dans le grand firmament noir,
> Couche-toi, fileuse !

Une deux, une deux, la pédale monte, descend, elle met en mouvement la roue qui fait tourner l'ailette. L'ailette saisit le fil entre ses branches, le tord, puis le laisse glisser vers la bobine autour de laquelle il s'enroule.

Le rouet ronfle, le fil glisse avec un petit bruit strident, la pédale crie en se relevant et en s'abaissant, une deux, une deux, et l'esprit de la fileuse s'envole dans un rêve d'espoir et d'avenir.

Car Lina n'était plus une enfant, courant après les libellules dans les prés des bords de la Lys, c'était une belle jeune fille grande et svelte, à la démarche gracieuse, au regard tendre, au cœur dévoué.

Le trousseau s'était augmenté avec les années et en même temps s'était accrue l'habileté de la fileuse. La grande armoire en noyer sculpté, qu'elle devait emporter le jour de son mariage, était déjà pleine d'un linge si fin qu'il aurait pu passer dans une bague comme disent les ménagères expertes en ces matières.

Madame la régente elle-même, quoique fille de roi n'aurait pu comparer son trousseau à celui de Lina Sprengel, et pourtant messire Guillaume qui fournissait la régente, lui avait vendu des toiles et des batistes d'une finesse inconnue ailleurs que chez lui.

Mais quelle fileuse autre que Lina eût pu faire du fil si fin, si régulier, si souple et cependant si fort? Et Lina ne filait que pour elle.

Chacune des tablettes de l'armoire disait une partie de l'histoire de la jeune fille. Là, tout en bas, le linge de cuisine la rappelait fillette étourdie cassant son fil, embrouillant sa filasse, faisant du lin le plus doux une toile rude et grossière ; plus haut, le linge de maison la montrait plus appliquée travaillant déjà avec soin, bien que le fil fût encore gros ; puis le linge de table, rangé plus haut en piles égales, disait les premiers temps de son adolescence quand elle commençait à rêver de sa maison future, calme, pleine du bien-être qu'engendre l'ordre de la ménagère, avec une pointe d'élégance pour rendre le bien-être plus doux. Enfin, c'était la lingerie fine, les menus atours préparés d'avance pour le temps où devenue jeune femme, elle aurait à plaire à l'élu de son cœur, à celui à qui elle rêvait tout bas en lui donnant les traits de Guillaume, le compagnon chéri de son enfance, qui voyageait alors pour se perfectionner dans la connaissance des diverses langues d'Europe.

Les tisserands ne pouvaient s'empêcher d'admirer le beau fil fin que leur envoyait Lina Sprengel. Quand ils ourdissaient la chaine avant de la porter sur le métier, on eût dit qu'au lieu de lin, ils avaient pris de ces beaux fils blancs qui voltigent dans l'air à l'automne, et quand la chaine attachée au métier était tendue par l'ensouple, on se demandait si jamais les dents du peigne seraient assez fines pour ouvrir les fils afin de livrer passage à la navette.

Il était si fin ce fil, que c'en était désespérant pour le tisserand qui ne se voyait pas avancer ; mais il y a des tisserands qui aiment la toile, comme la fileuse aime le lin et c'était à un de ceux-là que Guillaume

Sprengel confiait la fabrication des toiles destinées au trousseau de Lina. Après avoir tendu la chaîne, il plaçait avec soin le templet pour fixer la largeur de la toile, et après avoir enduit le fil du parou, fait

Fig. 17. Métier à tisser. *a* bâti, *b* lisses ou lames, *d* ensouples, *l* battant, *t* pédales (marches).

de colle et d'amidon pour le rendre plus glissant, il s'asseyait à son métier les pieds sur la pédale, le corps penché en avant, tenant la navette de la main droite, tout prêt à la recevoir de la main gauche.

pour la lancer de nouveau, et tant que durait le jour, il était là, abaissant la pédale pour faire entrer dans la chaîne les dents du *ros*, qui soulevaient les fils de deux en deux, lançant sa navette de droite à gauche, puis abaissant la pédale, lançant la navette de gauche à droite, puis donnant un coup de battant pour serrer la trame, et ainsi des jours et des jours, jusqu'à ce que toute la chaîne fût employée. (Fig. 17).

Le tisserand avait rapporté la dernière pièce de toile, pourtant Lina filait encore. Si le fil de son trousseau était déjà merveilleux, qu'aurait-on pu dire de celui qui glissait alors sur l'ailette de son rouet, à peine pourrait-on lui comparer ce fil qu'emploient les dentelières belges et dont une livre vaut encore aujourd'hui 8.000 francs.

C'était du reste, à de la dentelle que Lina destinait ce fil, elle filait son voile de mariée et tout en faisant rouler le lin entre ses doigts, elle chantait d'une voix douce et grave, la chanson du lin. Non la chanson naïve d'autrefois, mais une chanson de France que Guillaume avait apprise à Paris, quand il y était allé à la foire du Landy, qui se tenait tout près de là, dans la ville de St-Denis.

Une chanson qui paraissait faite pour Lina, car elle était bien la fileuse aux jolis yeux bleus du premier couplet.

Le lin courait, les notes sonores voltigeaient accompagnées par le ronflement du rouet, ainsi chantait Lina :

> La brise pure
> Souffle au matin,
> Son doux murmure
> Chante le lin.
> La fileuse file, file,
> Sous son doigt habile
> Glisse le fil soyeux et fin
> Et sa voix agile
> Dit le chant du lin.

> Le lin, sous la douce haleine
> Du printemps joyeux,
> Germe déjà dans la plaine.
> La fileuse aux jolis yeux bleus
> Garnit de filasse blonde,
> Blonde comme ses cheveux,
> La quenouille ronde.

La brise pure
Souffle au matin,
Son doux murmure
Chante le lin.
La fileuse file, file,
Sous son doigt habile
Glisse le fil soyeux et fin
Et sa voix agile
Dit le chant du lin.

Le lin, sous la chaude haleine
De l'été fécond,
Mûrit déjà dans la plaine,
La fileuse, inclinant le front,
Agace de sa quenouille
Un beau petit enfant blond
Qui rit et gazouille.

La brise ardente,
A midi plein
Redit plus lente
Le chant du lin.
La fileuse file, file,
Sous son doigt habile
Glisse le fil soyeux et fin,
Sa voix moins agile
Chante encor le lin.

Le lin, sous l'humide haleine
   De l'automne d'or,
Blanchit déjà dans la plaine.
La fileuse au rouet s'endort,
Près d'elle, une autre fileuse
Guide le fil qui se tord
   D'une main soigneuse.

   La brise allée
   Au soir serein
   Dans la vallée
   Chante le lin.
La fileuse file, file,
Son doigt moins habile
Brise le fil soyeux et fin
Mais sa voix débile
Chante encor le lin.

Le lin dort, craignant l'haleine
   De l'hiver brumeux.
La bobine est plus que pleine,
La fileuse en blancs cheveux
Auprès de l'âtre est assise
Suivant d'un œil paresseux
   La filasse grise.

   De l'âpre brise
   A minuit plein,

La voix se brise
Pleurant le lin.
La fileuse plus ne file
Son doigt immobile
Laisse échapper le fil soyeux
Et la mort agile
Lui ferme les yeux

Lina ne put finir sa chanson sans s'attendrir, non pas sur la fileuse qui s'endormait quand — la bobine était plus que pleine, — mais sur elle-même.

Son jeune fiancé était parti pour un long voyage à travers les mers, le vaisseau qui le portait aurait dû être à Ostende depuis plus d'un long mois et il n'avait pas encore paru. Bien plus, personne de ceux qui arrivaient n'avait rencontré « la belle fileuse » Pauvre Guillaume, si jeune et si bon, pauvre Lina, si douce et si tendre !

L'espérance est vivace, dans un cœur de vingt ans et la jeune fille continuait à filer son voile; inquiète et troublée en songeant aux hasards que courait son fiancé et pourtant patiente et résignée, car elle ne voulait pas augmenter par son chagrin, la douleur qu'elle voyait peinte sur le visage de ses parents.

Philippe Sprengel avait envoyé à Ostende un courrier qui devait monter à cheval aussitôt que « la belle fileuse, » serait signalée en vue du port, et accourir à Courtray sans s'arrêter plus de temps en route qu'il n'en fallait pour changer de cheval aux relais et prendre quelque nourriture

Le temps passait, les jours tristes s'ajoutaient aux jours douloureux, les heures d'angoisses aux heures d'inquiétude ; le courrier ne revenait pas, on était toujours sans nouvelles de Guillaume et de « la belle-fileuse. »

Lina ne chantait plus et c'était d'un mouvement lent et découragé, qu'elle faisait tourner son rouet ; à quoi bon ce fil, aurait-elle jamais besoin d'un voile de mariée.

Eh bien ! oui, elle en aurait besoin et bientôt encore, car voici Guillaume revenu, tandis que le courrier attend toujours à Ostende l'arrivée du vaisseau qui doit le ramener.

Dame Marguerite ne pouvait retenir ses larmes en embrassant le cher neveu — bientôt son fils, — qu'elle avait désespéré de revoir jamais. Les deux oncles, Guillaume et Jacques, ces deux hommes austères et fermes laissaient voir autant de sensibilité que les femmes, quant au père, l'ardeur de sa joie témoignait de la grandeur de ses craintes.

Pour Lina, toute rose d'émotion, elle se tenait debout auprès de sa mère, sans pouvoir prononcer une parole, le cœur gonflé, avec des larmes roulant sous ses paupières et un sourire illuminant son visage.

Lorsqu'on fut un peu calmé, que Guillaume fut reposé et qu'on se retrouva assis autour de la table de famille après souper, on interrogea le voyageur sur les causes de son retard et sur les raisons qui l'avaient amené à revenir par terre et à laisser son vaisseau aux soins du capitaine et de l'équipage.

Le jeune négociant avait eu, au départ, une bonne traversée, il avait doublé sans péril la pointe de l'Afrique, visité les comptoirs de la maison sur la côte des Indes, poussé jusqu'à Goa, puis s'était mis en route pour rentrer en Europe. Arrivé en vue des îles Canaries, son navire avait été surpris par une longue acalmie. Pendant plus de dix jours, il n'y avait pas eu le moindre souffle de vent, pas la plus légère brise ; enfin, le vent s'était élevé, gonflant les voiles et poussant « la belle fileuse » à travers l'Océan, mais dans une direction contraire à celle qu'on aurait dû tenir. Il avait fallu retourner vers le Sud, pour y rencontrer le courant constant des alizés, grâce auquel le vaisseau avait pu reprendre sa route. On avait passé le détroit de Gibraltar, touché à Fez, à Maroc, partout laissant et prenant des marchandises, puis on était revenu par Gênes et par Marseille où l'on s'était arrêté, parce que c'était le temps de la grande foire de Beaucaire, et que Guillaume, bien qu'il n'eût pas reçu d'instructions à cet égard, espérait faire de bonnes affaires, à une foire qui réunissait les négociants du monde entier. Ses espérances n'avaient pas été trompées, ses marchandises avaient été enlevées à des prix avantageux et payées en bonne monnaie d'or sonnante et trébuchante. Comme le transport des espèces monnayées n'était pas chose facile, il s'était entendu avec un banquier espagnol et rapportait des lettres de change sur une des premières maisons de Courtray. Sa présence n'étant plus nécessaire sur le navire, il avait pris la route de terre, afin d'embrasser plus tôt sa famille.

Il ne disait pas tout, il ne disait pas qu'à Gênes, il avait acheté un admirable cabinet florentin en ébène sculpté orné d'argent repoussé et de mosaïques en pierres dures, dans lequel il avait renfermé la plus belle pièce de Damas de Syrie qu'on pût voir, du satin des Indes, et une étoffe de Chine fort rare, qu'il s'était procurée à Goa, ainsi qu'un fil de perles de la mer des Indes, toutes égales en grosseur, d'une rondeur parfaite et teintées de rose, ce qui en augmentait encore le prix. Ces présents étaient destinés à sa fiancée, il n'en parlait pas pour qu'elle en eût la surprise à l'arrivée du chariot qui les portait et qu'il avait laissé en arrière de quelques heures.

La fileuse a fini son fil, les dentelières ont achevé le voile, un voile si léger que la fiancée semble entourée d'une nuée vaporeuse, si long qu'elle en est enveloppée toute entière.

Lina traverse la nef de la collégiale de Courtray, donnant la main à son père, elle va échanger l'anneau de fiançailles à double chaton, contre l'anneau de mariage uni dont on ne voit ni le commencement ni la fin, image de l'union éternelle des deux époux. Elle est radieuse, dans son attitude simple et modeste, elle ne redoute rien pour l'avenir, car elle connait bien celui dont elle va devenir la femme, elle sait qu'elle peut mettre sa main dans cette main loyale, confier son cœur à ce cœur fort et dévoué.

Les fêtes des noces furent aussi somptueuses que le comportait la fortune des riches Sprengel ; elles durèrent une semaine entière, puis la famille reprit sa vie de labeur austère et de calme ; rien n'était changé, sinon que dame Marguerite était seule tout le jour dans sa salle basse et seule en face de son mari à la table du souper, tandis que Philippe avait auprès de lui deux enfants au lieu d'un.

Que pourrait-on raconter de Lina maintenant ? La vie austère d'une ménagère est faite d'incidents si peu importants, qu'elle ne saurait exciter l'intérêt ou plutôt elle n'offre pas d'incidents, chaque jour ramenant avec lui les mêmes travaux, les mêmes préoccupations, les mêmes visages, mais aussi le même bonheur.

Les années ont passé, ramenant les printemps après les hivers, Lina file à son rouet avec une autre Lina assise à ses côtés, ou du moins un vivant portrait de Lina, car la jeune fille s'appelle Marguerite comme sa grand'mère. C'est le trousseau de Marguerite qu'on file et il en est bien temps, vraiment, car elle a dix-huit ans.

Dix-huit ans, déjà ! Mais oui, dix-huit ans et Philippe son frère en a vingt-quatre. Voilà vingt-cinq ans passés que Lina est la femme de Guillaume et leurs seules douleurs, pendant ce long espace de temps, ont été la mort de messire Philippe et celle de dame Marguerite. Deux grandes douleurs sans doute ; mais de celles auxquelles on s'attend, puisqu'elles sont inévitables et qui ont été adoucies par l'amour de leurs enfants.

Philippe est en route pour son premier voyage, Marguerite est fiancée au fils d'un armateur d'Ostende, Lina et son mari seront bientôt seuls auprès de leur foyer, comme jadis messire Guillaume et dame Marguerite.

Ils en parlent souvent entre eux et ils en parlent sans tristesse, le bonheur de leurs enfants ne peut être pour ces parents tendres, qu'un accroissement de leur propre bonheur.

Les jours coulent vite, quand ils sont ainsi remplis du bonheur calme que donnent le travail et la famille, mais les années ne se succèdent pas moins régulièrement, ramenant les hivers après les printemps.

Quand le graveur le plus renommé de Courtray est venu ce matin, ni Guillaume, ni Marguerite n'ont pu lui répondre, c'est le mari de Marguerite, qui s'est entendu avec lui.

Ils ont examiné ensemble plusieurs échantillons de papier tous fort beaux, car les papiers de Hollande ont toujours été justement renommés. Le gendre de Lina a arrêté son choix sur un de ces échantillons, qui est d'une qualité rare : fin de grain, d'un blanc ambré, harmonieux et chaud. Ce papier avait été fabriqué en effet avec une cuvée qui ne renfermait que des toiles et des batistes fines, achetées quelques mois auparavant, à une vieille femme paralytique, qui demeurait auprès de la papeterie, c'était du vieux linge à la vérité, on n'en emploie pas d'autre dans les papeteries, mais il n'en était pas moins fin parce qu'il était usé. Vous n'en achetez pas souvent du pareil, disait la vieille et elle avait raison, car c'était ce qui restait du trousseau de mariage de Lina. S'il l'avait su, le gendre ne l'eût peut-être pas choisi.

Quand le graveur revint dans la journée, il ne développa pas ce qu'il apportait, il ne s'arrêta pas pour faire admirer l'élégance de la gravure et la beauté de l'impression, il remit son paquet, salua et sortit sans parler.

Marguerite ne put s'empêcher de pleurer en regardant ce qu'avait apporté le graveur, c'étaient des feuillets tous de même grandeur et sur chacun on pouvait lire :

Très vertueuse dame Lina Sprengel a rendu son âme au Seigneur, pleine d'œuvres et de jours.

Priez pour elle.

Voilà ce qu'on venait d'imprimer sur le papier fait avec le linge du trousseau de Lina.

La fileuse plus ne file,
Son doigt immobile
Ne presse plus le fil soyeux
Et la mort agile
A fermé ses yeux.

A M. Albert DAUGE.

Le Rêve de Christiern Olderstein.

MÉTAMORPHOSES D'UN BRIN D'HERBE ET D'UNE TOUFFE
DE TRÈFLE.

—

Riche et savant sont deux qualités qui marchent rarement ensemble. Le plus souvent, elles s'excluent. C'est ce qui était arrivé pour le vieux Christiern Olderstein.

Partout, on citait sa science profonde à laquelle sa misère seule pouvait être comparée.

Un jour, le bonhomme venait de déjeuner. Sur sa table, encombrée de livres et de paperasses de toute sorte, reposaient les débris de son modeste repas un morceau de beurre et un reste de fromage. Tout en achevant ce maigre déjeuner, Christiern réfléchissait. Il songeait, sans envie, le brave homme, — l'envie était inconnue à son cœur, — il songeait, dis-je, à la rapide et récente fortune de son voisin le lampiste, dont la boutique portait pour enseigne un quinquet avec ces mots : *Il éclaire le monde.* Christiern avait déjà calculé vingt fois quelles auraient dû être les dimensions du quinquet, celles de son bec et de sa mèche, quelle quantité d'huile il aurait consumée et à quelle hauteur il aurait dû être suspendu, pour éclairer l'univers ; toutes choses fort intéressantes. Enfin, il conclut :

— Ce qui éclaire le monde, c'est la science ! Oui ! mais le savant n'a quelquefois pas deux sous pour acheter une chandelle pour s'éclairer lui-même.

Ceci se passait il y a fort longtemps, et ce qui était vrai du temps d'Olderstein et en Danemark, ne l'est heureusement plus aujourd'hui.

— Vraiment, je crois qu'il n'y a pas au monde un être plus misérable que moi, s'écria le pauvre savant, ramené par ces réflexions au sentiment de sa position précaire.

Il tomba dans une morne rêverie à laquelle il fut arraché par une voix dolente qui disait :

— Oh! l'heureux temps où, j'étais brin d'herbe!

A cette voix, une autre répondit :

— Oh! les beaux jours où, dans les plaines fertiles de Kehl, je croissais en liberté, touffe florissante de trèfle incarnat! Je m'éveillais chaque matin baignée de la rosée du ciel, chaque jour, je me réjouissais des clartés du soleil.

— Dans les plaines de Kehl! reprit le premier interlocuteur, c'est là que je naquis. J'appartenais à une touffe de gramen, qui élançait joyeusement ses panaches roses balancés par le zéphir; j'étais bien heureux alors. Cependant je ne savais comprendre mon bonheur. Combien j'ai été puni de mes désirs indiscrets!

— Et moi, dit le trèfle incarnat, je me plaignais d'être attaché à la terre par mes racines, j'aurais voulu quitter ce sol qui me nourrissait pour voyager et parcourir l'univers en tous sens. Combien j'ai payé cher mes souhaits inconsidérés! Heureux encore, aujourd'hui, de revoir près de moi un enfant de la même prairie. Dites-moi, mon frère, quelles furent vos aventures depuis que vous avez quitté le pâturage natal, et si ce récit ne vous fatigue pas, je vous dirai ensuite quels furent mes malheurs.

— Volontiers, répondit le gramen : mais, apprenez-moi, mon frère, comment furent tranchés vos jours : Avez-vous succombé sous les coups de la faux ou sous les atteintes de la faucille? La charrue, tranchant vos racines, vous arracha-t-elle à la prairie maternelle qu'elle déchirait de son soc aigu?

— Non, dit le trèfle, je fus englouti par un monstre velu et portant des cornes au front. Ce monstre mugissant que les hommes appellent une vache. (Fig. 19.)

— Comme moi, dit le gramen.

— Donc, ce terrible animal vint jusqu'à moi. Avec un formidable bruit de dents, il me coupa et me brisa. A demi-broyé et tout imprégné de *la salive* de l'affreuse bête, je traversai un étroit passage, qui, de sa bouche, me conduisit dans un endroit obscur où je me trouvai mêlé à d'autres herbes. Cet endroit, c'est la *panse* ou *rumen*, qui communique avec un autre endroit appelé le *bonnet*. Ces deux estomacs ne sont, à proprement parler, que des réservoirs, des espèces de garde-manger où l'animal accumule la nourriture cueillie rapidement et qu'il mâchera plus tard à loisir.

Plus mon séjour, dans le corps de la vache, se prolongeait et plus je me sentais pénétré par la salive qui avait déjà désagrégé quelques-unes de mes parties constituantes.

Par un mouvement propre aux animaux de cette famille, auxquels cette faculté a fait donner le nom de *ruminants*, la vache nous ramena une seconde fois dans sa bouche, moi et mes compagnes d'infortune. Là nous fûmes de nouveau imprégnées de salive, puis nous traversâmes *l'isthme du gosier*, *le pharynx*, *l'œsophage*. Sans rentrer dans la panse ni dans le bonnet, nous pénétrâmes dans *le feuillet* par une sorte de gouttière faisant suite à l'œsophage et nous atteignîmes enfin la *caillette*, qui est le véritable estomac des ruminants. Cette partie de leur tube digestif offre cette particularité qu'elle est intérieurement toute couverte de cellules assez semblables à celles d'un rayon de miel.

A peine avions-nous touché les parois de la caillette qu'elle se conctracta. De chacune de ces cellules, dont je vous ai parlé, sortit une goutte d'un liquide fortement acide et d'une odeur aigre. C'est ce qu'on nomme *le suc gastrique.* Je n'ai pas besoin de vous retracer l'horreur qu'on éprouve à se sentir pénétrer peu à peu par ce suc dévorant, cette horreur vous l'avez ressentie.

Complètement transformé, et de trèfle devenu *chyme*, je quittai la caillette pour pénétrer dans l'intestin *duodenum*, où je fus bientôt changé en *chyle*, au contact de *la bile*, liquide d'un jaune brun, non plus acide, mais alcalin. *La vésicule du fiel* renferme ce liquide, après qu'il a été sécrété par *le foie.*

Le passage par lequel il pénètre dans *l'intestin grêle* pour se joindre au chyme, qu'il doit changer en chyle, est, je crois, *le canal cholédoque*.

— Voyez, mon frère, dit alors le gramen en manière de réflexion, à combien de transformations peut être soumis un brin d'herbe, né d'une graine chétive.

— C'est vrai, pensa Christiern, qui tout en se croyant en proie à une hallucination, écoutait avec le plus vif intérêt. Mais ce récit, quelque véridique qu'il soit, est incomplet en bien des points. On a oublié de dire que le principe le plus actif de la salive est *la ptyaline*, et que dans le suc gastrique, les parties les plus importantes sont la *pepsine et l'acide chlorhydrique*. Enfin! une touffe de trèfle peut bien ignorer quelque chose, et je doute que mon voisin, le lampiste, soit aussi instruit que celle-là.

— J'en étais, dit le trèfle, à ma transformation en chyle. Ce chyle, liquide blanchâtre et alcalin, se trouva bientôt mélangé avec le sang veineux dans la *veine porte*; puis traversant le cœur, il alla dans le poumon se régénérer par son contact avec l'air. Le poumon le renvoya au cœur, et de celui-ci, par les artères et les vaisseaux artériels, il fut transporté jusqu'aux organes les plus éloignés.

La portion du sang dont je faisais partie, traversa la glande appelée *glande mammaire* dont la fonction spéciale est de transformer en lait le sang qui la traverse pour le rendre propre à la nourriture des petits. A cet organe tout particulier, certains animaux doivent le nom de *Mammifères :* l'homme est en tête de cette classe dont les ruminants occupent l'avant-dernière place.

Qui eût pu me reconnaître, moi le trèfle incarnat dans ce liquide blanc et sucré? Je n'en conservais pas moins le souvenir du lieu de ma naissance et de mes douloureuses pérégrinations.

Tous les matins et tous les soirs une servante s'emparait du lait des vaches, c'est ce qu'on appelle traire.

— « Il faut, dit un jour la fermière, garder le lait de la Rousse pour faire le beurre. » (Fig. 18.)

La Rousse, c'était la vache qui m'avait mangé et transformé en lait.

Je fus, suivant l'ordre de la fermière, transporté dans une pièce de la ferme dont la fraicheur était soigneusement entretenue.

Fig. 48. Il faut, dit la fermière, garder le lait de la Rousse (page 42).

Il parait que si cette pièce était plus chaude, le lait se caillerait trop vite, et une partie du beurre serait perdue.

— Une partie de la *butyrine*, dit Christiern à demi-voix, puisque c'est cette substance renfermée dans le lait, qui produit le beurre, tandis que le fromage est formé par le *caséum*.

Le morceau de beurre n'entendit pas et continua. On me laissa dans cette laiterie environ six jours. En hiver, il aurait fallu m'y laisser le double pour donner à toute ma crème le temps de se former.

Le sixième jour on enleva des têles, sortes de grandes terrines, toute la crème qui s'était séparée du *petit-lait*. On la mit dans une espèce de seau en bois, plus large du bas que du haut, et qu'on appelle *baratte*. Une fois la crème dans la baratte, une servante se mit à la battre vivement avec un morceau de bois. Ce qui se passa alors, je l'ignore, j'avais perdu connaissance par suite du mouvement incessant et rapide que m'imprimait cette fille.

Je ne repris mes sens que dans un baquet d'eau froide où l'on me pétrissait pour me débarrasser du peu de petit-lait que j'aurais encore pu renfermer.

J'avais perdu de ma blancheur éclatante, j'étais jaunâtre, compacte, graisseux, enfin à l'état de beurre.

Fig. 17. Je fus englouti par un monstre velu... (page 138).

La fermière me regarda et me trouva trop blanc.
« Il faut colorer un peu ce beurre, dit-elle, sans
cela il ne serait pas de vente. » Après avoir vainement cherché s'il restait un peu de *safran* ou *d'orcanète* pour me colorer, la servante qui n'était pas très-soigneuse, finit par trouver du *souci* à l'aide duquel elle me donna la teinte jaune que vous me voyez. Après cela, on m'enferma dans un moule. En sortant du moule, je fus enveloppé dans des feuilles fraîches, déposé dans un panier recouvert d'un linge blanc et porté au marché.

Voici, mon frère, toute mon odyssée. Je suis prêt à entendre la vôtre.

Je ne reprendrai mon histoire, dit *le Fromage*, que du moment où je fus conduit à la fromagerie ; tout ce que j'ai éprouvé de la bouche à la mamelle de de la vache étant semblable à ce que vous avez ressenti et décrit avec tant de clarté. Quand je fus caillé on me mit dans une forme en osier.

— Un *cageau ou cazereau*, murmura Christiern. Dans certaines localités de la France, ces cageaux ou cazereaux sont faits avec une herbe qu'on appelle la cange.

— Ce n'était vraiment pas la peine de m'interrompre, reprit aigrement le fromage qui de sa nature est moins doux que le beurre, et qui attribuait à son compagnon la réflexion de Christiern.

On me laissa égoutter dans cette forme, me sortant au grand air quand la température était douce. Tous les deux jours, on me retournait et on salait ma face supérieure. Après quelque temps, me jugeant assez égoutté et assez salé, on me descendit à la cave où on me laissa reposer sur un lit de foin jusqu'à ce je fusse assez fait.

Si mon histoire, comme la vôtre, est fort simple, il n'en est pas de même pour tous les fromages.

En Hollande, par exemple, après avoir fait cailler le lait, on le coupe en très-petits fragments, on le pétrit dans l'eau pour en séparer le petit lait, puis on le met dans une sorte d'entonnoir placé au milieu d'une table. Là, le lait caillé recouvert d'une toile fine est soumis à une forte pression. Ensuite on le roule dans une autre toile, on le plonge dans l'eau salée et on le presse jusqu'à ce qu'il ait acquis le degré de salaison et la consistance nécessaires. Alors on le fait sécher à l'air.

Une autre méthode, encore plus bizarre, est celle qui est usitée en Suisse et à Pontarlier pour les fromages de Gruyère, à Roquefort, en Auvergne, et généralement partout où l'on fait des fromages cuits.

Aussitôt qu'on a trait, on fait passer le lait dans un entonnoir fermé par un bouchon de paille, on le verse dans une grande chaudière et l'on y mêle, après l'avoir écrémé, du lait trait depuis quatorze à quinze heures. On allume un feu clair sous la chaudière et dès que le lait a atteint la température qu'il avait au moment où on l'a trait.....

— Vingt-cinq degrés, dit le beurre.

On retire la chaudière du feu et on mêle au lait une substance destinée à le faire cailler rapidement.

— *La présure*, fit Olderstein ; on en met deux

kilogrammes pour trente kilogrammes de fromage.

— Que ce vieux savant est fatigant! s'écria le conteur; s'il croit savoir mieux que moi mon histoire et celle de ma famille qu'il la raconte!

Christiern étant retombé dans sa somnolence et se taisant, le fromage continua :

— Le lait étant caillé, on le coupe en tous sens à l'aide d'une lame en bois, de façon à le réduire en très-petits morceaux. On le remue fortement pendant quelques minutes, puis on le remet au feu jusqu'à ce qu'il ait pris un teinte jaunâtre. Alors on le retire du feu, on l'agite encore pendant trois quarts d'heure, on le laisse vingt-quatre heures sous presse, puis on le sale à l'aide d'un tamis et on le laisse sécher à l'air.

A Roquefort, au lait de vache on mêle du lait de chèvre, et même du lait de brebis.

— Mais, dit gracieusement le beurre, aucun de ces fromages ne vaut votre pâte exquise.

— C'est vrai, répondit le fromage; mais ils se conservent bien plus longtemps que moi. Chacun a ses qualités.

— Et la vache, demanda le beurre, savez-vous ce qu'elle est devenue?

— Oui; j'étais hier à l'abattoir en compagnie du garçon de ferme qui m'avait mis dans un panier, et traînait la vache en laisse au moyen d'une corde qu'il lui avait attachée aux cornes.

— Les garçons de l'abattoir s'emparèrent de la pauvre bête. D'un coup de masse, ils l'étendirent morte sur les dalles; ils la saignèrent, l dépouillèrent, la dépecèrent et la livrèrent au boucher.

— Comme elle nous a mangés quand nous étions brins d'herbe, elle sera mangée par l'homme. Elle subira les tortures que nous avons endurées.

— Et que nous endurerons encore, soupira le beurre avec tristesse, car maintenant l'homme se nourrira de nous.

— Mais, mon frère, l'homme, ce monstre cruel, ne sera-t-il point dévoré à son tour?

— Si, la tombe l'engloutira, les vers du sépulcre le dévoreront.

— Et après?

Christiern avait jusque-là prêté une oreille assez distraite à tout cet entretien, il devint alors plus attentif, il était, comme on dit, tout yeux et tout oreilles et il croyait déjà entendre la réponse, lorsqu'il s'éveilla tout net, ainsi qu'il arrive à tous les dormeurs qui veulent fixer leurs rêves.

— Bah! dit-il, en se frottant les yeux après avoir mouché sa chandelle dont la mèche était garnie de gros champignons de noir de fumée, être honnête homme, tout est là. Celui qui a besoin de l'appât d'une récompense pour faire le bien, n'est pas vraiment vertueux. Et puis, du reste, ne l'a-t-on pas toujours, cette récompense, même lorsqu'on en paraît frustré aux yeux du vulgaire.

Telles semailles, telles récoltes, — il disait cela en latin, étant fort savant, nous qui ne le sommes pas, nous devons nous en tenir à notre langue maternelle. — Que sont la gloire, les richesses, la faveur même de l'opinion publique, auprès de cette moisson superbe : l'estime de soi-même

A Mademoiselle Marie CAZIER.

L'étui de Jenny.

—

Je joindrai ce récit à ceux qui précèdent, bien que tante Babet ne l'eût pas composé pour moi, mais bien pour ma petite sœur, peu satisfaite d'avoir reçu, au jour de l'an, un nécessaire au lieu du beau collier de perles qu'elle avait rêvé, bien qu'il fût aussi peu en accord avec son âge, qu'avec la position de fortune de nos parents.

La chère enfant avait alors huit ans. Elle faisait déjà de la tapisserie comme une grande demoiselle, savait marquer, connaissait la différence qui existe entre un surjet et une piqûre, distinguait au premier coup d'œil, les points-devant des points-arrière et ceux-ci des points de côté. Elle commençait même à se rendre utile dans le ménage, en ourlant ses mouchoirs et les miens, à tout petits points rangés bien sagement à côté les uns des autres, au commencement de l'ourlet, puis à points moins réguliers au milieu et à grands points fantaisistes et dégingandés à la fin, pour avoir plus tôt fini et s'en aller jouer.

Peut-être que cette révélation lui nuira un peu dans l'esprit de mes jeunes lectrices qui sont toutes très-appliquées, ainsi qu'il sied à leur sexe ; mais la vérité est la vérité, et puis, mes lecteurs comprendront sans peine, qu'il est plus agréable, à huit ans, de sauter à la corde, de courir, de jouer au volant, à la balle ou à tout autre jeu, que de rester bien tranquille sur un tabouret à aligner des points les uns à côté des autres.

Je reviens au nécessaire de poche.

C'était un présent tout-à-fait convenable, pour une jeune demoiselle aussi avancée que Marie dans l'art de la couture, et de plus il était fort joli avec sa doublure de velours bleu, sur laquelle étincelait l'acier poli du dé, de l'étui, des ciseaux et du poinçon.

Pourtant, je ne pouvais m'empêcher de penser, avec la chère enfant, que c'était un cadeau bien sérieux pour elle et qu'une poupée ou un livre d'images eût bien mieux fait son affaire.

Je m'en ouvris à tante Babet.

— Tu crois, fit-elle avec son fin sourire bienveillant, quoiqu'un peu railleur. Tu crois, cela se peut bien, nous allons y réfléchir à nous trois en babillant, si tu veux bien toutefois écouter l'histoire que j'ai promise à Marie pour la consoler. Je tâcherai qu'elle ne soit pas trop « baby, » pour ton esprit sérieux.

« Baby ou non, j'aimais toutes les histoires de tante Babet, car elle savait leur donner un tour agréable que je crains bien de n'avoir reproduit qu'imparfaitement.

Nous nous assîmes Marie et moi, auprès de tante

Babet et nous ouvrîmes nos oreilles toutes grandes.

Jenny Dubois, dit ma tante, était occupée à étaler devant son amie Isabelle, les nombreux présents qu'elle avait reçus la veille pour son jour de naissance.

Il y avait une malle de voyage couverte en toile grise, et dans la malle, tout un trousseau de poupée; chemises brodées, pantalons et jupons garnis de dentelle, robes du matin, toilettes de ville, toilettes de dîner et de soirée, manteaux d'hiver et d'été, chapeaux, fourrures, il y avait même, dans un petit coin spécial, un mignon coffret de maroquin renfermant des bijoux à l'usage de la poupée qui reposait sur un coussin enrubanné, tout au fond de la malle.

Il y avait une lanterne magique, un jeu de crocket, des livres reliés avec luxe et pleins de belles images, un ours qui remuait la tête, une belle dame qui jouait de la harpe quand on l'avait remontée avec une clef comme on remonte une montre, un service complet en faïence à fleurs, un thé en métal anglais

aussi reluisant que de l'argent, il y en avait tant et
tant, que la petite amie de Jenny ne savait plus quoi
admirer ni quoi envier, et que Jenny blasée par une
telle profusion, sur ce qui fait ordinairement la joie
des enfants, ne savait plus avec quoi s'amuser.

Quand les deux petites filles eurent bien vu et
revu tout cela, que Jenny eût répété vingt fois; ceci,
c'est ma tante Valentine, tu sais, celle qui est si
riche qui me l'a donné. Cela, c'est l'amie de ma-
man, tu sais, celle qui a un si bel hôtel dans les
Champs-Elysées, et ainsi de suite, Isabelle l'interrompit pour lui demander ce que sa marraine lui avait
donné.

— Oh, ma marraine, fit Jenny avec une moue,
c'est une originale !

Je ne sais pas bien quel sens Jenny attachait à ce
mot, je doute même qu'elle y en attachât aucun.

— Ma marraine, c'est une originale ; avec sa
fortune, elle aurait pu me faire un cadeau plus beau
qu'aucun de ceux qui sont là, mais elle est si
avare !

Originale, avare, c'étaient deux épithètes aimables dont on gratifiait assez ordinairement Mlle Marcelle Dubois, dans la famille, parce qu'elle était assez raisonnable pour se moquer du qu'en dira-t-on, quand le qu'en dira-t-on avait tort, et pour administrer sagement un revenu qui eût à peine donné l'aisance à toute autre et qui lui donnait un confortable élégant, presque luxueux.

— Enfin, que t'a-t-elle donné? reprit Isabelle.

— Ça!

Et Jenny montrait dédaigneusement un étui sur le vernis gris duquel se détachait une paysanne de l'Ukraine, vêtue d'un costume aux nuances éclatantes.

— Oh! que c'est joli, s'écria Isabelle, c'est russe, mon frère a rapporté des boîtes et des porte-allumettes comme ça, quand il est revenu de Moscou. Fais voir.

Elle prit l'étui et l'ouvrit pour regarder ce qu'il y avait dedans, comme si un étui pouvait renfermer autre chose que des aiguilles.

Il est vrai qu'il aurait pu être vide, mais il ne l'était pas.

Isabelle y trouva des aiguilles à passer pour faire les reprises, des aiguilles sans pointe pour la tapisserie, des aiguilles à perles, longues et presque aussi fines que des cheveux, des aiguilles courtes pour piquer, de grosses aiguilles pour les points de jour, et parmi celles-là quelques aiguilles plates pour le point d'échelle et puis aussi et surtout des aiguilles à coudre ordinaires de plusieurs numéros. Il y avait de quoi avoir envie de broder et de coudre, rien qu'à voir briller toutes ces belles aiguilles en sortant de l'étui.

Pendant cet examen, Mlle Marcelle Dubois entra sans être vue et put observer, à son aise, la moue dédaigneuse de sa filleule, à qui elle demanda si elle était contente d'avoir un étui si bien garni.

Jenny ne répondit rien, elle était trop bien élevée pour dire sa pensée et trop franche pour mentir même par politesse.

— Tu n'y attaches aucun prix, je le vois, reprit

Mlle Marcelle, eh bien, sais-tu ce que c'est que ce petit bout de fil d'acier ? — C'est la meilleure arme que possède une femme pour combattre l'ennui, et c'est quelquefois aussi, l'instrument à l'aide duquel elle peut gagner sa vie et le pain de sa famille. Sans compter que la fabrication des aiguilles fait vivre un grand nombre de personnes, car une aiguille passe dans près de cent vingt mains différentes.

— Tant que cela, s'écrièrent Isabelle et Jenny.

— Oui, mes enfants.

— C'est donc bien difficile de faire une bonne aiguille ?

— Pas positivement difficile, mais cela exige un certain nombre d'opérations dont quelques-unes sont assez minutieuses. Si vos mamans le permettent, je vous mènerai demain visiter la fabrique d'aiguilles de Chantilly, qui n'est pas très-loin d'ici.

Le lendemain matin, en effet, Mlle Marcelle qui avait loué une voiture pour faire cette excursion, vint chercher Jenny et son amie Isabelle pour les emmener visiter la fabrique d'aiguilles.

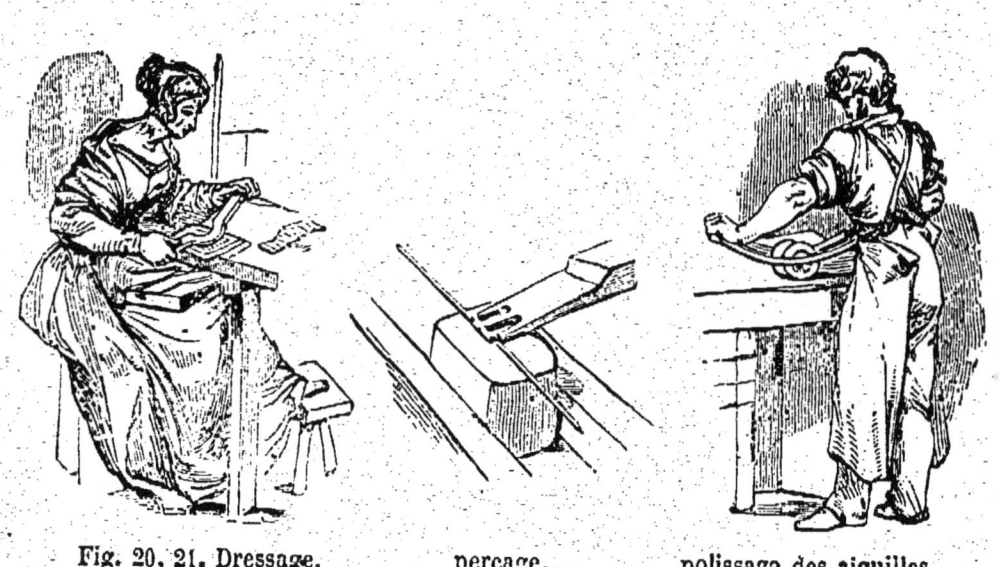

Fig. 20, 21. Dressage, perçage, polissage des aiguilles.

On était alors aux premiers jours de l'automne et pour aller de la maison de campagne de Mme Dubois jusqu'à Chantilly, il fallait traverser une partie de la forêt.

Ce fut une promenade délicieuse. Les petites filles ne manquèrent pas de descendre plusieurs fois pour courir sur la route ombreuse et cueillir des fleurs, pendant que la voiture marchait au pas, aussi n'arriva-t-on guère avant l'heure du déjeuner à Chantilly.

Mlle Marcelle présenta sa nièce à Mme Chardin, et lui dit qu'elle l'avait amenée avec son amie Isabelle pour visiter la fabrique, si toutefois M. Chardin n'y voyait pas d'inconvénient.

M. Chardin n'en voyait aucun, au contraire, et il se mit bien volontiers à la disposition de ces demoiselles, mais pour après déjeuner seulement, car dit-il en riant, vous devez avoir faim après votre promenade matinale et ventre affamé n'a pas d'oreilles...

Comme Mme Chardin était une ancienne amie de

Mlle Marcelle, celle-ci ne fit pas difficulté d'accepter l'invitation et l'on se mit à table.

Pendant le déjeuner, on causa de choses et d'autres, mais surtout de la fabrication des aiguilles, puisque c'était là le but de la visite.

M. Chardin apprit, aux jeunes amies, que la fabrication des aiguilles de métal n'a été introduite en Europe, que vers 1370. La première fabrique, établie à Nuremberg, conserva le privilége de fournir tous les tailleurs, toutes les couturières et toutes les brodeuses de l'Europe jusqu'en 1543, époque à laquelle une autre fabrique fut fondée en Angleterre.

On fit beaucoup de réflexions là-dessus et comme la broderie, la tapisserie au point, et l'art de la couture étaient très-développés en Europe, avant la fondation, d'une date relativement moderne, de l'aiguillerie de Nuremberg, on se demanda naturellement avec quels instruments étaient exécutés tous les travaux d'aiguilles avant le xive siècle.

M. Chardin dit à ces dames, que jusque-là nous avions tiré nos aiguilles d'Orient, et que l'origine de l'aiguille en métal se perdait dans la nuit des temps. Il ajouta qu'en France, la ville de Laigle dans le département de l'Orne, avait été longtemps le seul endroit où l'on fabriquât des aiguilles en France, puis qu'une usine avait été fondée à Rugles dans l'Eure, que d'autres s'étaient élevées peu à peu, mais en très-petit nombre, puisqu'il n'en existe pas encore aujourd'hui plus de onze ou douze.

Il ajouta que ce petit nombre de fabriques ne fournissaient pas plus du quart des aiguilles employées en France et que le reste vient d'Angleterre et surtout d'Allemagne.

Bien que tout cela fût intéressant, les deux amies ne voyaient pas sans impatience le déjeuner se prolonger, et il leur tardait de visiter l'usine, aussi furent-elles bien contentes lorsqu'on se leva de table et que traversant un joli parterre dont la maison d'habitation était entourée, on se dirigea vers les ateliers.

Dans le premier, elles virent des femmes qui coupaient de petits bouts de fil d'acier sur chaque botte, et d'autres qui s'amusaient à les rouler dans leurs doigts pour les casser.

Quand je dis, qui s'amusaient, c'est du moins ce qu'il semblait aux enfants.

— Que font-elles donc là? demanda Jenny.

— Elles choisissent le fil, répondit le fabricant, voyez, il y en a qui ploie sans casser (Fig. 20), il est mauvais et ne peut servir que pour les aiguilles de qualité tout-à-fait inférieure, il y en a qui casse sans ployer du tout, il est meilleur que le premier, mais pas aussi bon que s'il cassait seulement après avoir très-légèrement ployé. Ce dernier donnera des aiguilles qui ne se courberont pas sous l'effort du dé, mais qui auront pourtant une certaine élasticité sans laquelle il n'est pas de bonne aiguille.

Ces demoiselles trouvaient que ce travail n'était pas bien difficile, mais quand elles eurent essayé, elles ne réussirent qu'à se faire mal aux doigts.

Après cela on passa dans une autre pièce où le fil d'acier était dévidé et mis en écheveaux, absolument comme si ce n'eût été que du coton à coudre. Après cela, avec une cisaille, on coupait les écheveaux en deux comme la couturière coupe son écheveau de fil, puis on recoupait les brins jusqu'à ce qu'ils fussent de la longueur de deux aiguilles seulement. (Fig. 21).

Ce travail ne se fait pas sans que quelques brins soient tordus, aussi en passent-ils, un à un, dans les mains du *redresseur*, au sortir de la cisaille.

Les *dégrossisseurs* qui reçoivent les fils des mains des redresseurs, les prennent par cinquante ou soixante, entre le pouce et l'index, les étalent d'un mouvement rapide du pouce et les présentent à une meule qui tourne rapidement. Cette opération a pour but de préparer la pointe. (Fig. 22).

— Ne vous mettez pas de ce côté, dit M. Chardin aux enfants, qui suivaient des yeux les brillantes étincelles que faisait voltiger la meule, mettez-vous du même côté que l'ouvrier.

Il leur expliqua ensuite que ces jolies étincelles qu'elles voyaient jaillir étaient d'infiniment petites parcelles d'acier et de grès qu'il était dangereux de respirer, parce qu'elles déchiraient les poumons quand elles y pénétraient.

Mlle Marcelle déplora qu'une industrie aussi utile fût aussi insalubre, et elle demanda au fabricant, s'il n'y avait aucun moyen de remédier à cela.

— On y a remédié autant qu'on a pu, mademoiselle, lui répondit M. Chardin, autrefois, les dégrossisseurs étaient fatalement condamnés à mourir jeunes, Georges Prior fut le premier qui se préoccupa sérieusement d'améliorer leur sort, en 1809, il inventa une machine, grâce à laquelle toutes les poussières sont emportées du côté opposé à l'ouvrier; cette machine a été perfectionnée depuis, par Abraham Sheffield et par d'autres, si bien qu'aujourd'hui le dégrossissage est à peu près sans danger, surtout dans un atelier bien aéré. Mais, ajouta-t-il en souriant, les visiteurs auraient tort, néanmoins, de se placer comme ces demoiselles tout-à-l'heure, dans le courant d'air qui est chargé d'emporter les poussières au dehors.

Jenny avait remarqué que les ouvriers portaient

une sorte de gros gant, ou plutôt qu'ils s'enveloppaient le pouce et l'index d'un cuir épais. Elle en demanda la raison et sa marraine lui dit, que le frottement développe une chaleur d'autant plus grande qu'il est plus rapide, et que les ouvriers

Fig. 22. Cette opération a pour but de préparer la pointe (page 166).

auraient infailliblement les doigts brûlés s'ils ne les protégeaient ainsi.

En touchant un paquet de fils qui sortait de la

meule, Jenny sentit qu'en effet ils étaient très-chauds et Isabelle se rappela, à ce sujet, avoir lu dans un livre de voyages que les sauvages allument du feu en frottant deux morceaux de bois sec l'un contre l'autre.

On n'avait pas encore fini de voir les aiguilles passer de main en main, on avait d'autant moins fini que certaines opérations notamment le polissage, le dégraissage, le vannage, se répètent jusqu'à dix fois de suite avant d'être parfaites, et il y avait encore plusieurs ateliers à visiter avant d'être à l'atelier des polisseurs. (Fig. 21).

De la meule du dégrossisseur, les brins retournent à la cisaille, ils sont coupés en deux, placés dans de petites boîtes de bois et remis au palmeur qui aplatit le bout où sera la tête puis les passe à un ouvrier qui les fait recuire et les passe à son tour au perceur. (Fig. 20).

En pénétrant dans l'atelier de perçage, les petites demoiselles furent tout étonnées de n'y voir que des enfants, dont la plupart avaient à peine leur âge.

Malgré leur onze ans sonnées, elles n'étaient encore que de petites étourdies, qui ne pensaient à rien qu'à s'amuser. Elles n'auraient jamais cru que des enfants si jeunes pussent gagner leur vie et supporter ainsi de longues heures de travail. Elles n'avaient suivi jusque-là qu'avec un médiocre intérêt la fabrication des aiguilles, mais la compassion qu'elles ressentaient pour de si jeunes ouvriers, les rendit plus attentives.

Elles admirèrent la dextérité avec laquelle les uns perçaient l'œil en deux coups de poinçon, l'un d'un côté, l'autre de l'autre, comment d'autres faisaient tomber la petite paillette détachée par le poinçon ou faisaient la cannelure et arrondissaient la tête en quelques coups de lime.

Un des plus habiles perceurs demanda à ces dames de vouloir bien lui donner un cheveu. Jenny portait déjà la main à sa tête, lorsqu'il l'arrêta et dit qu'il préférait un des cheveux d'Isabelle. Jenny tout étonnée de cette préférence du jeune perceur, lui en demanda la raison, à quoi l'enfant répondit qu'Isabelle, étant blonde, avait les cheveux plus fins.

Qui fut bien surprise de cette réponse? ce fut Jenny qui ne s'attendait certes pas à apprendre quelque chose d'un petit perceur d'aiguilles; mais sa surprise fut encore augmentée par l'adresse avec laquelle le jeune ouvrier perça le cheveu si net, qu'il pût enfiler l'autre bout dans le trou qu'il venait de faire. On le complimenta vivement sur son adresse et comme il commençait à se faire tard, on poursuivit la visite des ateliers aussi vite que possible.

On vit mettre les aiguilles dans de la sciure pour les dégraisser, après qu'elles avaient été polies par paquets de vingt et trente mille à la fois, on les vit remuer dans la sciure, puis vanner pour les en séparer.

Dans l'atelier de triage où les aiguilles sont classées par longueur, les petites filles remarquèrent sur les établis des vases pleins de chaux qu'on leur dit placés là pour maintenir l'air sec, afin d'empêcher les aiguilles de se rouiller, puis comme elles se récriaient sur le temps qu'il faut pour compter les aiguilles une à une avant de les mettre en paquets, M. Chardin leur fit voir qu'on en comptait seulement cent de chaque grosseur, qu'on les pesait et qu'on se bornait à peser le reste par quantités équivalentes au poids du cent qu'on avait compté.

A leur sortie du dernier atelier, elles reçurent chacune un paquet d'aiguilles enveloppées dans ce papier violet particulier, que toutes mes lectrices connaissent et comme dernier renseignement, M. Chardin leur dit que ce papier est fabriqué spécialement en Allemagne et qu'il est considéré comme ayant la propriété d'empêcher la rouille d'attaquer les aiguilles.

Mlle Marcelle remercia vivement M. Chardin de la complaisance avec laquelle il leur avait montré la fabrique, et malgré les instances de Mme Chardin qui voulait offrir à goûter à Jenny et à son amie, on remonta en voiture pour regagner la maison avant l'heure du dîner.

Les petites filles avaient été assez longtemps debout pour être fatiguées, aussi ne demandèrent-elles pas à descendre comme le matin et Mlle Marcelle pensant qu'on les avait assez entretenues de choses sérieuses ce jour-là et qu'il ne serait pas mauvais, non plus, de les divertir des idées tristes que leur avait inspirées la vue de tant d'enfants soumis à un labeur assidu pour gagner un maigre salaire de quelques sous par jour, elle entreprit de charmer la route par le récit d'une histoire qu'elle avait lue la veille dans un livre anglais. L'histoire était du reste à propos, car il était encore question d'aiguilles ainsi que vous l'allez voir.

Mlle Marcelle commença en ces termes :

« — Allons, paresseuse, rentrez, voici la rosée qui tombe, dit l'oncle Charles en voyant Mina endormie un soir sous le berceau de lilas. Qu'avez-vous fait aujourd'hui? rêvé et dormi, comme toujours. Pensez-vous que le temps vous oublie?

Mina se leva nonchalamment sans répondre et rentra dans le salon où jouaient ses petites sœurs.

— Voilà déjà Mina qui rentre ! s'écria l'un des

enfants. Comme le temps va vite; c'est parce qu'il a de grandes ailes, n'est ce pas, Mina ?

— Vous êtes bien heureuses de trouver que le temps passe vite ; moi, je trouve qu'il passe bien lentement, et elle alla s'asseoir près de la fenêtre, où penchant sa tête sur sa main, elle s'abandonna à une de ses rêveries habituelles.

Au milieu de son rêve, il lui sembla entendre des voix qui criaient avec un accent de mépris :

— Esclave ! esclave !

Elle chercha à qui s'adressaient ces paroles et elle vit que c'était à elle.

Moi esclave, dit-elle, et de qui ?

— De l'Ennui et de sa mère l'Oisiveté ; et les voix reprirent plus hautes et plus menaçantes : Esclave ! esclave !

Mina s'enfuit, et après une course éperdue, elle arriva dans une salle immense où un grand vieillard vendait des aiguilles à un tout petit enfant.

La salle avait un aspect singulier; elle était entièrement tapissée d'aiguilles : il y en avait de toutes les espèces, depuis l'aiguille formée d'une arête ou d'une épine qu'emploient les sauvages, jusqu'aux fines aiguilles d'acier trempé qu'on fabrique dans nos manufactures ; aiguilles à coudre, aiguilles à repriser, aiguilles à laine, aiguilles à tricoter, toutes avaient là des représentants.

A tout moment, de nouveaux visiteurs entraient dans la salle ; le vieillard allait à eux, prenait sans rien dire les aiguilles qu'ils lui présentaient, les tordait, les rouillait et les brisait, accomplissant silencieusement et sans relâche son œuvre de destruction.

Mina le regardait terrifiée, et elle allait s'enfuir quand le petit enfant s'approcha d'elle et lui toucha le bras en lui disant :

— Voyez.

Alors elle s'aperçut que si d'une main le vieillard brisait toutes les aiguilles, de l'autre, il en faisait naître de nouvelles.

— C'est par lui que tout meurt, dit l'enfant, mais c'est aussi par lui que tout renaît.

A ce moment, le vieillard se retourna vers Mina :

— Esclave ! esclave ! s'écria-t-il.

— Je ne suis pas esclave, dit Mina.

— Si, reprit le vieillard, et du pire des esclavages, celui dont on n'a plus conscience.

— Et comment en sortir ?

— En combattant.

— Comment combattre, je n'ai pas d'armes et personne ne me vient en aide.

— Une arme, en voici une, dit le vieillard en prenant une aiguille à la muraille, et je t'aiderai, moi, le Temps, qui viens à bout de tout.

Mina en était là de son rêve lorsqu'une douleur aiguë à la main vint la rappeler à la réalité ; elle regarda, et vit qu'en posant sa main sur la pelote elle s'était piquée à une aiguille.

Elle la prit, l'enfila et se mit à travailler à sa broderie abandonnée depuis longtemps.

L'oncle Charles avait fini son journal, il le replia, se tourna vers les enfants, et vit Mina qui souriait penchée sur son ouvrage.

— Qu'as-tu, Mina, dit-il, tu sembles bien joyeuse?

— Oui, dit Mina, je suis contente, car j'ai trouvé une arme pour combattre l'ennui. »

Ainsi contant et devisant, on parcourut la route presque sans s'en apercevoir et l'on arriva à la maison, au moment même où le domestique ouvrant la porte du salon prononçait les mots sacramentels : Madame est servie.

Les promeneuses se hâtèrent de quitter leurs chapeaux et de se débarrasser de la poussière du chemin, puis elles descendirent à la salle à manger.

Jenny et son amie ne tarirent pas pendant le dîner, elles avaient vu tant de choses qu'elles en avaient beaucoup à dire et vraiment il fallait qu'elles eussent été bien attentives, car elles ne se trompèrent pas trop souvent dans leur compte-rendu.

A partir de ce jour, elles mirent moins de négligence dans leur travail, car elles ne pouvaient s'empêcher de penser bien souvent qu'on leur demandait peu de chose en comparaison du dur labeur auquel sont soumis les enfants des fabriques.

Quand Jenny était encore prise d'un mouvement d'humeur ou de paresse, il lui suffisait de regarder son étui, pour se souvenir des ateliers d'enfants et se mettre de bon cœur à étudier ses leçons.

Il y a longtemps que la belle poupée avec son riche trousseau, les livres d'images, la dame qui jouait de la harpe et les autres joujoux ont été relégués au fond d'une armoire, et Jenny conserve toujours son étui.

Heureusement pour elle, elle n'a pas eu besoin de faire un gagne pain de son aiguille, mais elle sait aujourd'hui que c'est en effet une des armes les plus sûres contre l'ennui.

A M. Jacques ARNOULD pour quand il saura lire.

VIII

Histoire d'une Théière.

—

Où j'étais avant l'instant où je vis pour la première fois la lumière, c'est ce que j'ignore.

Voici ce que je me rappelle de plus lointain.

Un jour, après avoir ressenti une grande secousse, je fus éblouie par une splendeur inaccoutumée.

Je regardai, j'étais sur un amas de substance blanche. Autour de moi verdoyaient les arbres et les buissons; au-dessus, resplendissait un ciel bleu sans nuages, le ciel de la Chine.

Un homme se pencha sur moi et me prit dans sa main.

— C'est du plus pur et du plus beau kaolin, dit-il, en voici un magnifique échantillon qu'il faut mettre de côté. Il servira à fabriquer la pièce de porcelaine que nous devons offrir à l'empereur, comme spécimen des produits de cette mine.

J'appris depuis que cet homme était un mandarin, et que la découverte du gisement de kaolin auquel j'appartenais, était due à ses savantes recherches.

Suivant l'ordre qu'avait donné le mandarin, on m'emporta et l'on me remit aux mains d'un ouvrier qui me mêla à une assez grande quantité d'eau, me broya, me pétrit, me comprima dans un moule, puis me remit à un autre ouvrier. Celui-ci me plaça sur une machine dont je ne pouvais deviner l'usage et que je sus plus tard être un tour à poteries.

Bientôt, par le mouvement d'une pédale, sur laquelle il appuyait le pied, ce second ouvrier, donnant l'impulsion à la roue de son tour, m'imprima un mouvement de rotation assez rapide. En même temps, il passait sur tous mes contours un outil destiné à parfaire la rondeur de mes formes. Quand il fut satisfait de son travail, il arrêta le tour, m'enleva et me mit dans une sorte de boîte qui m'environnait de toute part.

Fig. 23. Four à trois étages. *a* et *b*, fours à grand feu communiquant entre eux par le plancher qui est percé, *c* four pour le *dégourdi* ou *séchage*, *ooo* regards, *s* cheminée, *b et flèches du four a: foyers extérieurs ou alandiers*.

Jusque-là, je ne trouvais rien de bien agréable dans l'existence.

On me plaça dans une grande salle ronde, d'un éclat éblouissant. (Fig. 23). D'autres morceaux façonnés de kaolin y étaient rangés dans un ordre circulaire. Tous étaient, comme moi, renfermés dans des moufles.

D'abord, je sentis une chaleur douce qui me pénétra en faisant évaporer l'humidité qui m'avait si désagréablement pénétrée auparavant. Peu à peu, la chaleur augmentant, je commençai à en être incommodée; enfin, je me trouvai si mal qu'il me semblait que j'allais me dissoudre. Alors, je me sentis soulever doucement, on me sortait du four. On me laissa refroidir lentement à l'abri de tous les courants d'air qui auraient pu me gercer; puis, on me débarrassa des entraves du moufle. J'étais blanche comme un lys, et j'avais déjà ce ventre bombé et ce bec gracieux auquel je dois ma voix harmonieuse.

— Gracieux, ce long bec? murmura la bouilloire placée sur le feu. Et en quoi rend-il la voix plus jolie? Je n'en ai pas, moi, et je chante au moins aussi bien que cette vieille chinoise. Ce qu'il faut pour chanter, c'est cette belle forme arrondie qui fait toute ma grâce.

— Tu chantes, toi ! dit la vapeur d'eau, qui s'échappait en blancs flocons. Tu mens, tu mens. C'est moi qui chante en toi, quand la chaleur bénie du foyer me met en liberté ! Tu verras bien si tu trouves des chants quand je serai partie.

— Mais, voyez cette bouilloire ! reprit la cafetière. Qu'a-t-elle à dire des longs becs ? Je les trouve vraiment bonnes toutes deux, elle et la théière, de s'enorgueillir de leur forme qui les font ressembler, l'une à un mandarin obèse et l'autre au gros chaudronnier qui l'a façonnée. Parlez-moi d'une taille élancée et d'un long bec. Voilà ce qu'il faut pour être belle et pour bien chanter.

— Tu chantes, toi ! dit la vapeur d'eau, qui s'échappait en blancs flocons, tu mens, tu mens. C'est moi qui chante en toi, quand la chaleur bénie me met en liberté.

— Si vous ne vouliez pas m'écouter, s'écria la théière d'un ton de mauvaise humeur, il fallait me laisser dormir.

— Parlez, dit une riche aiguière italienne qui se pavanait sur le dressoir.

— Comme je vous l'ai dit, j'avais subi une première cuisson. Je n'étais pas encore de la porcelaine et je n'étais déjà plus du kaolin. J'étais passée à l'état de biscuit.

Quand je fus complètement refroidie, on me couvrit d'une substance à demi-liquide, puis on me remit au four jusqu'à ce que cette substance s'étant vitrifiée par la chaleur, fût devenue l'émail brillant qui recouvre toutes mes parois. Grâce à cette double épreuve du feu, j'étais de la porcelaine.

Le mandarin vint, il m'examina, me tâta, me fit sonner.

— Elle est fort belle, dit-il, il ne reste plus qu'à la décorer et elle sera complètement digne d'être offerte à l'empereur.

Me décorer, qu'entendait-il par là? Qu'allait encore me faire subir la fantaisie des hommes? Qu'importait après tout! Je savais d'avance le résultat qui était d'augmenter ma beauté. J'étais déjà très-belle, je venais de l'entendre dire. Pour l'être davantage encore, j'étais résignée à tout supporter.

Le peintre, à qui l'on m'avait confiée, m'emporta chez lui, il me posa sur une table. A côté de moi s'élançait une belle potiche et un immense cornet déjà décorés. Ils étaient merveilleux, tout couverts de pagodes, de personnages chinois, de fleurs et d'oiseaux. (Fig 24).

« Quand serai-je ainsi ! » disais-je à part moi. Enfin, le peintre me prit. Il passait et repassait sur ma face un pinceau trempé dans différentes substances colorées. Les mouvements du pinceau étaient doux et légers comme une caresse. De chacun de ses baisers naissait une fleur. J'étais charmée. Lorsque le peintre me quitta, je crus que tout était fini et que je n'avais plus

Fig. 24.

qu'à me faire admirer. Hélas! une troisième et douloureuse épreuve m'était réservée ! Il fallait subir une troisième cuisson pour que mes émaux colorés se vitrifiassent comme avait fait mon émail blanc. Sans cela, mes fleurs n'auraient eu que peu d'éclat, elles eussent été sans durée. Je supportai courageusement cette dernière souffrance. A peine étais-je refroidie qu'on me porta en grande pompe au palais de l'empereur. Là, je vécus de longues années dans l'intimité du fils du Ciel. C'était moi qui servais à préparer le thé parfumé qu'il prenait chaque jour. Mais, comme a si bien dit un poëte français:

L'ennui naquit un jour de l'uniformité.

Je m'ennuyais de cette existence monotone et je désirais voir du pays. J'appris donc, avec une vive satisfaction, que j'allais faire partie d'une grande expédition en Europe.

Combien, sur le vaisseau, je déplorai ma folle ambition, combien je regrettai le palais de Lao-Tsé!

J'étais avec d'autres membres de ma famille dans une grande caisse où des joncs entassés gênaient nos mouvements et interceptaient la lumière. Hélas! presque toutes mes compagnes succombèrent pendant le voyage. Que de craintes j'eus alors pour ma vie! Enfin, j'arrivai à bon port. Ce ne fut qu'un cri d'admiration lorsqu'après le débarquement je fus tirée de la caisse où j'avais été ensevelie pendant toute la traversée.

Jamais on n'avait vu, en Europe, de fleurs aussi éclatantes que celles dont j'étais ornée.

— Où donc étiez-vous débarquée, ma commère? reprit l'aiguière. Ce n'était certes pas dans ma patrie, car à Faënza, loin d'être émerveillé, on ne vous eût pas même regardée. Quelle figure auriez-vous faite auprès de nous?

— Ah! ah! ah! ah! s'écria une petite salière de Saxe, en se dandinant sur les bras de l'Amour qui la supportait. Voyez-vous cette faïence qui ose se comparer à une porcelaine! Apprenez, ma chère, qu'au lieu d'être, comme nous, faite de kaolin d'un blanc éclatant, vous n'êtes qu'une grossière argile à laquelle un mélange de fer donne une teinte rousse que vos émaux ont peine à dissimuler. Et cette terre dont vous êtes formée est si rude, que l'émail ne peut faire corps avec elle. Si j'avais autant de vanité que certaines personnes, je pourrais peut-être parler et dire qu'à Vienne où j'ai habité longtemps...

— Vienne! parlez donc de vos tristes cités d'Europe! Pékin, à la bonne heure, voilà une ville! et Lao-Tsé, voilà un empereur!

— Taisez-vous donc avec votre Lao-Tsé. Marie-Thérèse, à qui j'ai appartenu, valait mieux que tous vos empereurs Chinois.

— Qui parle de Marie-Thérèse? dit d'une voix flûtée une mignonne tasse qui reposait dans un écrin de velours. Je ne l'ai pas connue, mais j'ai appartenu à sa fille, qui était reine de France. Je lui fus offerte lorsqu'elle visita Sèvres, où j'ai pris naissance. C'était là le bon temps! On ne nous aurait point exposées à être confondues avec des intrigantes qui, sous prétexte qu'elles sont vieilles et qu'elles viennent de loin, prétendent être plus jolies que les autres.

— Oui-dà, repartit aigrement la faïence italienne. Je veux bien admettre que votre argile est plus pure que la nôtre, mais qui avez-vous illustré! Tandis que c'est grâce à mes sœurs de Faënza, d'Urbino, de Pesaro, de Forli et de Deruta que sont passés à la postérité les noms de Lucca Della Robia, les deux Andreoli, Giorgio et Cencio, de François Xanto, de Bartolomeo Terchi et d'Orazio Fontana. Sous François Ier, nous étions si précieuses qu'on nous préférait à la plus riche orfévrerie.

— Parce que les porcelaines n'étaient pas connues. Mais quel cas a-t-on fait de vous depuis qu'on nous a vues naître en Saxe? Car, sachez ceci, ma mie, qui vous vantez d'être née à Sèvres, c'est pour nous imiter qu'on vous a créées.

— Et ce n'aurait pas été la première fois, dit la petite tasse, qu'en voulant imiter on aurait perfectionné, mais vous êtes dans l'erreur. La femme du chirurgien Darnet avait fait connaître le gisement de kaolin de Saint Yriex avant que Frédéric Bottcher eût découvert celui de la vallée d'Ase. Les premières porcelaines de Meissen parurent à la foire de Leipsick en 1769 et l'on en faisait à Sèvres depuis plus d'un an déjà.

— Cela passe les bornes, s'écria la théière frémissante de colère. Croyez-vous, que vous auriez jamais vu le jour ni l'une ni l'autre si ma venue en Europe n'y avait fait connaître le kaolin? N'est-ce pas au désir de reproduire ma beauté qu'on a dû de voir s'élever, aux dix-septième siècle, les fabriques de Delft, d'où il ne sortit que des contrefaçons d'autant plus mauvaises que Delft fabriquait des faïences et non des porcelaines.

— Tout ce que vous voudrez, dirent en chœur les faïences de Limoges, de Nevers, de Rouen, de Moutier, de Strasbourg, de Marseille, une porcelaine française de la fabrique de Saint-Cloud en 1695, et un de ces beaux plats dus à Bernard Palissy, qui formaient l'escorte de l'Italienne; mais si vous avez votre beauté, nous avons la nôtre, on s'est passé de vous pendant des siècles et on s'en serait aussi bien passé depuis deux cents ans.

A ces mots, la théière fit un si grand mouvement d'indignation qu'elle tomba et se brisa, ce qui mit fin à son histoire.

Quant à ce dénoûment du récit, j'en ai toujours douté, et ma tante Babet elle-même n'en était pas bien sûre, car au moment où la théière tomba, un jeune chat rôdait sur les tablettes du dressoir.

A Mademoiselle Ernestine BÉTRÉMIEUX

IX

Réminiscences d'une Bergère.

(HISTOIRE DE LA TAPISSERIE.)

—

Savez-vous ce que c'est qu'une fileuse ?

Quand j'étais à la cour de ce bon roi Louis XV, dit le bien-aimé, je ne sais pourquoi j'entendais lire des livres qui dépeignaient les fileuses d'une bien singulière façon.

Elle est blonde, disaient les uns, comme le lin qui tourne entre ses doigts agiles ; elle est, disaient les autres, mince et droite comme sa quenouille, ses yeux sont bleus comme la fleur du lin.

Puis, suivant l'auteur, la fileuse faisait tourner son léger fuseau au son d'une gracieuse chanson, parlant des tourments de l'absence ou du bonheur qu'on éprouve au retour du bien-aimé.

Que les hommes sont imposteurs ! et qu'on doit peu croire à leurs paroles : on voit bien qu'ils n'ont jamais été filés ! J'ai vu, moi, plusieurs fileuses et elles ne ressemblaient pas du tout à ces portraits.

La première, celle qui fila le chanvre de mon canevas, était une grosse et rouge Normande, qui n'arrêtait de grogner après des marmots aussi laids qu'elle que pour les frapper avec sa quenouille.

Cela n'aurait rien été. — Que m'importait à moi que cette femme fût laide et méchante et ses enfants aussi laids et aussi méchants qu'elle ? — Mais constamment tirant sur la filasse de sa quenouille, elle mouillait le chanvre et le tournait entre ses doigts avec un mouvement incessant qui est tout-à-fait désagréable.

L'autre fileuse que j'ai connue était une Berrichonne.

Il paraît qu'un auteur moderne a pris plaisir à mettre en scène les paysans du Berry et à les poétiser ; bien sûr, cet auteur-là n'avait pas vu la maussade paysanne qui a filé la laine de ma tapisserie. Si la Normande était laide et avare, la Berrichonne ne lui cédait en rien sur ces deux points, et la seule différence que j'aie pu voir entre elles, c'est que la méchanceté de la fileuse de chanvre était gaie et que celle de la fileuse de laine était triste. N'allez point croire cependant, d'après mes paroles, que toutes les fileuses soient nécessairement laides et acariâtres; ce n'est point ce que j'ai voulu dire ; mais ce que je prétends, c'est qu'il y en a beaucoup comme cela, et qu'il n'en existe pas une qui ressemble aux portraits de fileuses que j'ai entendu lire.

Ces deux paysannes *pour de vrai* sont mes deux plus lointains souvenirs, et combien elles étaient différentes des paysannes *pour de rire* que j'ai vues, vers la fin de ma carrière active, sous ce bon bourgeois de Louis XVI, qui a été si cruellement puni d'avoir manqué à sa vocation en se faisant roi plutôt que serrurier !

Il paraît qu'avant d'être filasse, le chanvre avait été

une belle plante verte balançant ses feuilles au soleil, et que la laine avait été le vêtement naturel d'un annimal appelé mouton. Je le crois, car celui à qui je l'ai entendu dire était un bien grand savant; mais, soit que le mouvement de rotation du fuseau m'ait affaibli le cerveau, soit que les horreurs de la teinture m'aient enlevé une partie de mes facultés intellectuelles, mes souvenirs ne remontent pas plus loin que l'époque dont j'ai parlé.

Quand j'ai dit mon canevas, j'aurais dû dire ma chaîne, car étant originaire des Gobelins, je n'ai pas de canevas proprement dit.

Je sais seulement par une vieille pièce de tapisserie du douzième siècle que les tapisseries à la main dites *tapisseries au point* sont exécutées avec de la laine ou de la soie sur une toile extrêmement claire, appelée canevas. Autrefois, cette toile était en chanvre de qualité inférieure, aujourd'hui elle est en coton. Cette vieille tapisserie, quoiqu'elle radote un peu, m'a quelquefois conté des choses assez intéressantes. Elle a vu le jour dans un manoir féodal de Flandre et elle a habité successivement une abbaye de filles nobles et plusieurs musées avant d'arriver ici. Jugez que de choses elle peut avoir apprises!

Quand elle est arrivée, elle me semblait fort bizarre avec ses fonds tout couverts d'ornements aux courbes élégantes, ses monuments sans perspective, ses personnages d'un type oublié et auxquels la brodeuse a mis naïvement dans la bouche une banderole portant leur nom, de peur qu'on ne pût reconnaître le sujet qu'elle avait voulu représenter.

Comme ce bon roi David et cette belle Bethsabée et Michol à la fenêtre d'un palais trop petit pour la contenir ressemblaient peu aux belles copies des maîtres italiens que j'avais vu faire aux Gobelins, combien même ils ressemblaient peu aux tapisseries de Beauvais, inférieures cependant! Aussi, un beau jour je me risquai et je lui demandai son histoire. Ma foi! dans son temps les mœurs étaient tout aussi primitives que les arts, et j'avais peine à comprendre qu'en six siècles à peine, les rudes guerroyeurs des châteaux forts fussent devenus les élégants gentilshommes qui, à la suite du duc de Richelieu, prirent Mahon au son du violon. Ma vieille camarade n'a pu me dire quelle est la première femme qui fit de la tapisserie, mais ce genre de travail doit remonter à la plus haute antiquité, puisque la fable nous a conservé le nom d'Arachné, l'habile ouvrière.

Je n'oserais pas affirmer cependant qu'Arachné faisait de la tapisserie; peut-être brodait-elle simplement. Il y a là, ce me semble, un bon sujet de recherches et de dissertation, et si j'étais membre d'une académie quelconque, au lieu d'être une ignorante bergère[1], je tâcherais d'éclaircir ce point intéressant.

La plus ancienne tapisserie qui existe aujourd'hui dans les musées et les collections est la tapisserie dite de Bayeux, où Mathilde, femme de Guillaume le Conquérant, a représenté l'histoire de la conquête de

[1] Fauteuil Louis XV.

l'Angleterre. Cette tapisserie à l'aiguille ne mesurait pas moins de soixante et dix mètres de longueur. Un gardien infidèle en a enlevé un morceau.

Cluny possède des tapisseries remarquables du quinzième et du seizième siècle.

A cette époque, les papiers peints n'étaient pas encore connus, les fresques n'étaient pas à la portée de tout le monde, et les murs de pierre étaient loin de présenter aux yeux un aspect réjouissant. De là, la vogue des tapisseries.

L'Europe les tira d'abord d'Orient, où cette industrie florissait dès la plus haute antiquité ; puis, peu à peu, des fabriques particulières s'élevèrent à Poitiers, à Arras, à Saint-Martin du Canigou. — Saint Louis en fonda une à Paris.

Il fallut ensuite attendre trois siècles pour qu'un roi s'occupât de nouveau de l'industrie des tapis, et François Ier dut demander des ouvriers à l'Italie, comme l'avait fait Louis XI pour les soieries.

Vinrent les guerres de religion, et les fabriques de Fontainebleau et de Paris disparurent, englouties, comme tant d'autres industries françaises, sous le flot de l'intolérance.

Bruges et la Flandre eurent alors la renommée pour les tapisseries, et des fabriques flamandes et hollandaises sortirent en foule des paysages et des kermesses aux innombrables personnages rubiconds et joyeux.

Il n'était plus besoin qu'une ordonnance de l'abbé de Cluny prescrivît, comme au dixième siècle, d'orner de tapisseries les murs et les sièges dans les jours de fête; il n'était pas de bourgeois aisé dont l'appartement n'en fût décoré.

Sully et Colbert, qui eurent tant de sollicitude pour l'industrie française, s'occupèrent des tapisseries; le premier fonda la Savonnerie, le second fonda les Gobelins.

Les Gobelins! voilà la vraie, la seule fabrique de tapisseries de haute lisse.

Ici, on est un peu mêlé : il y a des tabourets sans dossiers, comme les duchesses en avaient autrefois à la cour; des chaises à haut dossier droit réservées dans le temps à de raides princesses, des fauteuils d'abbesses, des rideaux, des portières, des fragments de tapis ou de lambrequins, — un vrai musée, si tout cela était plus en ordre et plus choisi; — mais je suis le seul représentant de l'époque de Louis XV.

Fig. 25. Il avait attaché tous les fils de ma chaîne, en haut à la *lisse*, et en bas l'*ensouple* (p. 204).

Je suis une tapisserie de haute lisse, née aux Gobelins, en 1749, alors que Madame de Pompadour régnait sur la France par l'intermédiaire de Louis XV.

Je me souviens parfaitement de toutes les circonstances de ma naissance; permettez-moi de les raconter succintement. Ma *chaine*[1] est formée de fils de chanvre, ma *trame* est presque exclusivement en laine ; la soie y entre pour si peu que je laisserai de côté tout ce qui peut la concerner.

Ma laine, après avoir été lavée, peignée et filée dans le Berry, avait été envoyée aux Gobelins, où elle subit d'abord le *mordançage. Mordancer*, c'est imprégner l'objet à teindre d'un agent chimique propre à faire prendre la teinture. Je ne comprends pas bien ce qui se passe dans la teinture, car il n'y a aucune désagrégation dans les fils, ils ne sont pas plus gros et pas sensiblement plus lourds quand ils sortent des cuves de teinture, et, cependant, ils ont changé de couleur.

Mes rouges et mes bleus, comme ceux de toutes les tapisseries des Gobelins, ont un éclat incompa-

---

[1] Fils en long.

rable, dû, à ce qu'il paraît, à une manière toute particulière de préparer la cochenille et l'indigo.

En voilà de drôle de gens, l'indigo et la cochenille! Le premier, quand j'étais dans la cuve, ne faisait que parler du Bengale et du long voyage qu'il avait fait pour venir en France ; à l'entendre, rien, dans son pays, ne ressemblait à ce que nous voyons ici. Quant à la cochenille, qui, disait-elle, avait été un petit insecte, elle parlait aussi d'une vaste mer qu'elle avait traversée et d'un pays singulier qu'elle appelait le Mexique et où, à l'en croire, on cultivait tout exprès pour elle des plaines entières d'une plante qu'elle nommait le nopal.

Dans combien de cuves fut trempée et retrempée ma laine, je ne saurais le dire, car le nombre de mes nuances est fort grand. Chaque nuance fut enroulée sur une *flûte* particulière. — La *flûte* est pour l'ouvrier en tapisserie ce qu'est la *navette* pour le tisserand; il la lance horizontalement entre les fils verticaux qui constituent la chaîne. Une allée et une venue de la flûte font ce que l'ouvrier appelle une *duite*, et, à chaque duite, il y a une rangée de points de faits.

Les flûtes, chargées de ma laine, étaient rangées auprès de l'un des plus habiles artistes de la manufacture ; il avait attaché tous les fils de ma chaîne, en haut, à la *lisse* du métier, et en bas à *l'ensouple*, sur laquelle s'enroule la tapisserie au fur et à mesure qu'on la fait. (Fig. 25 et 27.)

Il venait de s'assurer que le mouvement des pédales entr'ouvrait bien ses fils pour que la flûte pût les traverser et couvrir les deux côtés en une duite; tout à coup, un grand mouvement se fait dans tout l'établissement : « Le roi! le roi! » Ce mot vole de bouche en bouche. C'était en effet le roi; il était accompagné de la jeune marquise de Pompadour, récemment promue au rang de favorite, du maréchal de Richelieu, de MM. de Noailles, de Villeroy, de Choiseul, et d'un essaim de jolies femmes et de jeunes seigneurs.

Tous causaient et riaient, tout en s'occupant fort eu de ce qu'ils étaient censés venir voir. La jolie marquise s'arrêta devant le métier sur lequel mes fils étaient préparés.

— Voyez, sire, dit-elle, voici des fils tout prêts et sur lesquels aucun dessin n'est encore tracé ; me permettez-vous de choisir le sujet qu'on y représentera ?

— Vous n'avez point de permission à demander, marquise, répondit galamment le roi ; vos désirs sont des ordres.

La marquise déplia son éventail, le referma, regarda la pointe de ses mules élégantes, secoua gracieusement la tête, et fit une foule de jolies mines indiquant de profondes réflexions. Puis prenant à part un homme de tournure modeste qui la suivait avec le groupe de courtisans, elle lui chuchota quelques mots à l'oreille ; l'homme s'inclina d'un air respectueux.

— Et, dit tout haut la marquise, combien vous faut-il de temps pour cela ? je suis pressée.

— Quelques jours seulement, madame la marquise.

— Quelques jours, bien ; je compte sur vous, et pour que ce pauvre homme ne perde rien à ce que son métier soit arrêté pendant ce temps, ajouta la jeune femme en se tournant vers une personne de sa suite, j'entends qu'il soit indemnisé sur ma cassette.

L'indemnité fut bonne, et l'ouvrier fut content ; aussi mit-il à ma confection tout son talent et tout son cœur.

Au bout de quelques jours, le peintre, selon sa promesse, apporta les cartons.

Sur le dossier, au milieu d'un entourage de fleurs se détachant sur un fond vert tendre, paraissait un médaillon représentant Céladon jouant de la musette sur les bords du Lignon.

Céladon ressemblait à Louis XV.

Sur le siége, un autre médaillon, également entouré de fleurs représentait Daphnis et Chloé sous les traits du roi et de la marquise.

L'ouvrier calqua soigneusement ces peintures, puis à l'aide de ses calques, il transporta tous les traits du dessin sur les fils de la chaîne. Cela fait, il s'assit derrière ces fils (Fig. 27) et commença à travailler, lançant ses flûtes alternativement de gauche à droite, et de droite à gauche, s'arrêtant chaque fois

Fig. 26. Il s'assit derrière ces fils.

qu'il devait changer de nuance, et de temps en temps regardant l'endroit de son ouvrage à l'aide d'un petit miroir à main, afin d'en voir l'effet. J'étais vraiment fière quand je voyais dans le miroir les progrès de ma beauté. Que mon vert Céladon était doux à la vue, et qu'il faisait bien ressortir mes coquelicots et mes narcisses!

Bientôt vint le jour où il n'y eut plus qu'à reprendre à l'aiguille, par derrière, les relais produits par les changements de nuances, puis je fus achevée.

J'étais fort belle; s'il y avait des tapisseries plus riches que la mienne, il n'y en avait certes pas de plus élégante, et ce n'était pas sans un peu de hauteur que je regardais mes compagnes, surtout les tapisseries de *basse lisse* avec leur chaîne horizontale, où les personnages ne peuvent être exécutés qu'en pied, et les moquettes et les hautes laines, destinées à être foulées sous forme de tapis.

Qu'était-ce que tous ces gens-là auprès de moi, l'élue de la toute-puissante marquise, moi qui allais à la cour!

Aller à la cour! la tête m'en tournait de plaisir. Qu'allais-je y devenir? Je serais admirée, sans doute. Un beau matin, je fus introduite chez Madame de Pompadour. La marquise fit prier le roi de pas-

Fig. 27. Flûtes, chaîne, tapisserie commencée et s'enroulant sur l'*Ensouple*. (page 204.)

ser chez elle, et Sa Majesté, laissant là son conseil des ministres, accourut aussitôt.

— Voilà ma tapisserie, dit-elle.

— Eh quoi! fit le roi, c'est tout cela que vous avez fait faire, un fauteuil?

— Un fauteuil? Sire; non pas, c'est une bergère, et voilà pourquoi j'y ai fait représenter des bergers.

Le roi loua le bon goût de la marquise, tout en la raillant légèrement de son amour pour les bergerades.

D'où venait cette mode? Au siècle précédent, un grand seigneur, un peu fou[1], avait composé une pastorale intitulée *l'Astrée*, et de plus il avait mis une partie de la pastorale en action, passant ses jours à jouer de la musette sous les ombrages de son parc.

L'Astrée avait fait fureur; tout le monde s'était lancé dans la pastorale, l'églogue et l'idyle; on s'était pâmé d'aise aux vers de Madame Deshoulières:

[1] Honoré d'Urfé, qui publia *l'Astrée* en 1616.

Dans ces prés fleuris
Q'arrose la Seine, etc.

Les femmes se laissaient volontiers adresser des vers sous le nom d'Iris, et appelaient leurs bergers Tircis.

A l'époque où je naquis, on n'avait plus, en fait d'églogues, que celles de M. de Fontenelle, mais les bergerades en action étaient tout à fait à la mode. On portait la robe courte de couleur tendre, tout enrubannée et enguirlandée, le petit chapeau des bergères de Wateau, de Fragonard et de L ncret.

Quelques femmes allaient même jusqu'à porter à la main une houlette et à tenir en laisse au bout d'un ruban rose, un mouton parfumé au musc ou à l'eau d'ange[1] et quelquefois poudré à la maréchale. — On eût dit une mascarade perpétuelle.

Les fauteuils n'étant ni assez larges pour contenir les paniers des élégantes ni assez moëlleux pour leur paresse, elles avaient inventé la *bergère*.

---

[1] Parfum fait avec des graines de myrte écrasées.

M. de Richelieu, en parfait courtisan, prit soin de faire sculpter mon bois et de me faire monter. La marquise le paya de tous ces soins par un doux sourire.

Jusqu'à la mort de Madame de Pompadour, en 1764, j'occupai une place distinguée dans son cabinet.

J'ai entendu la marquise plaider auprès du roi la cause de *son amie* Marie-Thérèse; je l'ai vue, enfin, obtenir l'alliance de la France avec la maison d'Autriche.

La pauvre marquise, aveuglée par les flatteries de l'impératrice-reine, croyait travailler à la gloire de la France, tandis que cette alliance ne préparait que des désastres. Elle fut mieux inspirée quand elle fit élever M. de Choiseul au ministère.

Madame de Pompadour s'occupait bien, quelquefois, de politique; mais ce qui la charmait surtout, c'était la société des artistes et des beaux esprits. Elle était elle-même un peu artiste, ayant pris de Cars des leçons de gravure.

Elle était toute-puissante : aussi était-elle fort entourée. Le baron Grimm lui lisait des fragments de sa spirituelle correspondance, tout en médisant élégamment de ses amis les encyclopédistes ; il lui racontait les démêlés de Voltaire avec Frédéric, assaisonnant le tout de sa verve railleuse.

M. de Montesquieu, qui travaillait à l'*Esprit des lois,* ne dédaignait pas de répéter quelques-uns des traits de ses *Lettres persanes* ; Gresset faisait rire avec son *Vert-Vert* ; Sedaine faisait sourire avec *la Gageure imprévue* et pleurer avec *le Philosophe sans le savoir ;* Helvétius et Condillac avançaient hardiment leurs théories matérialistes.

Un jour, Boucher, le peintre favori de la marquise, entra furieux ; il tenait à la main une gazette et demandait justice.

On l'avait déchiré, dénigré. Son talent, disait un impertinent critique, n'avait rien de naturel ; ses paysages n'étaient que des décors d'opéra.

— Que deviendront les arts, s'écriait le peintre,

s'il est permis maintenant d'imprimer de pareilles choses ? Est-ce qu'on avait besoin qu'un M. Diderot vint se mêler de critiquer les peintres ? Il devait être puni de cette innovation, et son outrecuidance ne méritait pas moins que la Bastille.

La marquise sourit de la véhémence de son peintre et le calma ; — mais elle fit mettre Diderot à Vincennes quelque temps après, sous un autre prétexte.

Elle était bien légère, ma belle propriétaire ; mais qu'elle avait bon cœur !

Pendant l'emprisonnement de Diderot à Vincennes, elle reçut une lettre d'un homme alors presque inconnu, mais qui devait acquérir par la suite une immense célébrité.

« Rendez la liberté à Diderot ou faites-moi enfermer avec lui, » écrivait-il.

La marquise pleura en lisant cette lettre, et J.-J. Rousseau obtint la permission de visiter le prisonnier.

Savez-vous quelle parole émue trouva Louis XV

pour saluer le cercueil de celle qui avait été sa compagne pendant dix-neuf ans ?

— Madame la marquise, dit-il en voyant qu'il pleuvait, aura bien mauvais temps pour son dernier voyage.

Ce fut tout.

J'eus le bonheur de ne point assister aux hontes de la fin de ce règne. Le roi et la du Barry habitaient plus souvent Trianon que Versailles où j'étais restée.

Sous Louis XVI, le goût avait changé. Mes pieds contournés, suivant le style d'ameublement qu'on appelle encore aujourd'hui *genre Pompadour*, n'étaient plus à la mode. Je fus reléguée dans les combles, chez les femmes de service. Je fis même un assez long séjour chez madame Campan, la fidèle femme de chambre de Marie-Antoinette.

Ignorante comme je le suis, je n'ai pas pu bien apprécier les changements que j'ai vus s'accomplir; dans le cours d'une existence de plus d'un siècle mais si je regrette quelquefois l'élégance de l'ancienne cour, il me semble cependant que le bien-être est aujourd'hui plus général.

Je ne puis approuver certains vieillards qui se consument en regrets superflus et exaltent sans cesse le temps passé.

A mon avis, toute époque a ses bons et ses mauvais côtés.

Quant à moi, je prends la vie telle qu'elle est, et je me préoccupe fort peu que la mode des bergères revienne ou qu'elle soit passée à jamais.

FIN

TABLE DES MATIÈRES

SOUVENIRS D'UN CLOU. (*Le fer, sa fabrication, ses usages*) 1
A PROPOS D'UNE VITRE CASSÉE. (*Le verre, son histoire, sa fabrication*). 17
LES GLACES, (*leur histoire, leur fabrication*). . . 45
LA DÉCOUVERTE DE LOUIS DE BERQUEM. (*Le diamant et sa taille*) 81
LA CHANSON DU LIN. (*Préparation du lin et tissus*. 99
LE RÊVE DE CHRISTIERN OLDERSTEIN. (*Digestion, fabrication du beurre et du fromage*) 135
L'ÉTUI DE JENNY. (*Fabrication des aiguilles*). . . 153
HISTOIRE D'UNE THÉIÈRE. (*Céramique*) 179
RÉMINISCENCES D'UNE BERGÈRE. (*Tapisseries*) . . 193

FIN DE LA TABLE

NOMENCLATURE DES GRAVURES

Figure   1. — Haut-fourneau   7
   —   2. — Four à puddler   9
   —   3, 4. — Industrie du verre en Égypte . . . 26
   —   5. — Coulage d'une plaque de verre . . 33
   —   6. — Pièces soufflées et moulées 41
   —   7. — Polissage du verre 43
   —   8. — Miroir de cristal de roche offert à Marie de Médicis à l'occasion de son mariage 49
   —   9. — Miroir de métal devant lequel Poppée essayait l'effet du fard rose qu'elle avait inventé 53
   —   10. — Creuset contenant le verre en fusion et amené au-dessus d'une table de fonte 65
   —   11. — On arrose d'égrisée une plaque d'acier à laquelle on imprime un mouvement de rotation très rapide . 97
   — 12, 13. — Le Régent 95
   —   14. — Jeunes filles de bonne Bourgeoisie. 98

— 15.	— Le Rouissage	108
— 16.	— Le lin en fleur	113
— 17.	— Métier à tisser.	120
— 18.	— La vache laitière	143
— 19.	— La vache et l'enfant	145
— 20,21.	— Dressage, perçage et polissage des aiguilles	161
— 22.	— La préparation de la pointe	168
— 23.	— Four à poteries	181
— 24.	— Potiche de Chine	185
— 25.	— Métier à tapisserie (ouvrier préparant son travail)	201
— 26.	— Métier à tapisserie (ouvrier travaillant)	207
— 27.	— Tapisserie enroulée sur l'Ensouple .	209

Imprimerie de DESTENAY, à Saint-Amand (Cher).

www.ingramcontent.com/pod-product-compliance
Lightning Source LLC
Chambersburg PA
CBHW051903160426
43198CB00012B/1732